Andrew Wommack

Begrenze Gott nicht

BEGRENZE GOTT NICHT

Sieh dich selbst erfolgreich

Andrew Wommack

Grace today Verlag

Originally published in the USA by

Harrison House

Don't limit God

Die Deutsche Nationalbibliothek verzeichnet diese Publikation in der Deutschen Nationalbibliografie; detaillierte bibliografische Daten sind im Internet über https://dnb.de abrufbar.

Umschlaggestaltung: Harrison House Publishers
Corporate Design: spoon design, Olaf Johannson
Übersetzung: Ines Piecha
Lektorat: Sven Weimann
Korrektorat: Thilo Niepel, Gabriele Kohlmann
Satz: Grace today Verlag
Druck: CPI Clausen & Bosse, Leck
Printed in Germany

4. Gesamtauflage 2022

Paperback: ISBN 978-3-95933-228-6, Bestellnummer 372228
E-Book: ISBN 978-3-95933-229-3, Bestellnummer 372229

www.gracetoday.de

INHALT

EINLEITUNG

23. März 1968: Viele haben mich davon sprechen hören, dass dieses Datum eines der bedeutsamsten für mein Leben und meinen Dienst ist. An diesem Tag hatte ich eine Begegnung mit dem Herrn, die meine Sicht von Gott vollkommen veränderte. Sie machte mich zu einem ganz neuen Menschen und die Vision für meinen Dienst war geboren.

Aber es gibt noch ein weiteres Datum, von dem du vielleicht noch nichts gehört hast: den 31. Januar 2002. An diesem Tag sprach Gott zu mir durch Psalm 78 und zeigte mir, dass ich durch mein Kleindenken das begrenze, was er in meinem Leben tun will. Obwohl mir dies bis dahin gar nicht bewusst gewesen war, traf ich doch sofort die Entscheidung, mein Denken zu ändern und Gott keine Grenzen mehr zu setzen.

Zu dem Zeitpunkt, als der Herr zu mir sprach, erreichte unser Dienst nur sechs Prozent der amerikanischen Fernsehzuschauer. Heute erreicht das *Gospel-Truth*-Programm den gesamten amerikanischen Markt und den größten Teil der englischsprachigen Welt – das sind mehr als drei Milliarden Menschen. Auch in anderen Bereichen sind wir um ein Vielfaches gewachsen. Das ist alles nur geschehen, weil ich es gewagt habe, Gott nicht länger zu begrenzen und ihm im Hinblick auf die großen Dinge zu glauben, die er die ganze Zeit schon tun wollte. Wir wären definitiv nicht da, wo wir heute stehen, wenn ich den Herrn mit meinem Kleindenken weiterhin blockiert hätte.

KAPITEL 1

Falsche Glaubensüberzeugungen

Hättest du gedacht, dass es möglich ist, Gott zu begrenzen? Die meisten von uns tun das auf die eine oder andere Weise. Es gibt vieles, was Gottes Wirken in unserem Leben behindern oder gar begrenzen kann. Falsche Glaubensüberzeugungen sind ein Beispiel dafür. Viele denken, Gott kontrolliere alle Dinge und alles, was passiert, sei sein Wille. Wir geben ihm für alles die Verantwortung, während wir gleichzeitig schicksalsergeben der Theologie folgen, dass alles, was uns widerfährt, Gottes Plan oder Absicht für unser Leben sein muss. Wenn unsere Ehe scheitert, denken wir, Gott wolle uns auf diese Weise zerbrechen oder demütigen. Wenn wir mit unserer Firma bankrottgehen, akzeptieren wir es als den Willen Gottes.

Als ich 1980 nach Indien reiste, erlebte ich zwar einen totalen Kulturschock, aber ich lernte auch eine Menge. Zum Beispiel erfuhr ich, dass Indien ein sehr reiches Land ist. Tatsächlich ist es eine der bevölkerungsreichsten Nationen der Erde und verfügt über eine Fülle natürlicher Ressourcen. In Indien liegt der Mangel an Wohlstand nicht an fehlenden Finanzen oder Ressourcen, sondern am indischen Glaubenssystem! Als ich in Indien war, bemerkte ich, dass Menschen buchstäblich verhungerten, während »Fleisch« durch ihre Häuser streifte. Ich befand mich gerade in einem Haus und hielt dort eine Bibelstunde, als ein Brahman-Rinderbulle durch die Tür hereinkam. Alle pressten sich an die

Wand und ließen diesen riesigen Bullen einfach gewähren – und nur, weil Hindus glauben, dass so ein Tier die Reinkarnation der Großmutter von irgendjemandem sein könnte. Hindus essen kein Rindfleisch, aber durchaus andere Sorten Fleisch, wie das von Hunden oder Ziegen, weil sie glauben, dass diese Tiere eine Reinkarnation von geringeren Lebensformen darstellen.

Die Hindus haben Ressourcen, die ihren Hunger beenden könnten, aber ihr religiöses Glaubenssystem begrenzt sie. Sie glauben auch, dass sie in ein Kastensystem hineingeboren werden und dass sie als Ameise oder etwas Schlimmeres wiedergeboren würden, wenn sie versuchten, aus diesem System auszubrechen und ihren Lebensstandard zu verbessern. Ihr Glaubenssystem hat ihr Land in Armut gestürzt und behindert sie.

Viele Amerikaner, die Menschen in anderen Kulturen helfen wollen, versuchen die Probleme mit Geld zu lösen. Doch Geld ist in Indien oder auch an anderen Orten nicht das Problem, sondern das Glaubenssystem der jeweiligen Kultur. Menschen brauchen das Evangelium, zusammen mit bestimmten Prinzipien und einem Moralkodex, wodurch sie in die Lage versetzt werden, ihr Glaubenssystem zu verändern. Sind diese Dinge vorhanden, werden die Länder sich zu entwickeln beginnen. Das Glaubenssystem einer Kultur begrenzt Menschen und hält sie in Armut.

Ähnlich ist es bei vielen Menschen in Amerika, die glauben, dass die Regierung ihnen zu Sozialhilfe verpflichtet ist oder dafür sorgen muss, dass sich ihre Gehälter erhöhen, und dass ihnen eine staatliche Gesundheitsversorgung zusteht. Das ist aber nicht unser eigentliches Problem. Unser Problem befindet sich direkt zwischen unseren beiden Ohren – es ist unsere Art zu denken und zu glauben. In Sprüche 23,7 (KJV) heißt es, dass ein Mensch so ist, wie er in seinem Herzen denkt.

Unser Leben folgt dem Weg unserer Gedanken (Röm 12,2). Wenn wir uns verändern wollen, sollten wir nicht beten, dass uns jemand mehr Geld gibt oder dass eine Umverteilung stattfinden soll, indem man von denen Geld nimmt, die es haben, und es denen gibt, die keines haben. Das ist nicht die Lösung. Die Lösung besteht darin, die Grenzen wegzunehmen, die durch unser falsches Denken entstehen – denn die Denkweise unseres Herzens bestimmt den Kurs unseres Lebens. Wenn wir aufhören wollen, Gott zu begrenzen, müssen wir uns selbst verändern – genauer gesagt: die Art und Weise, wie wir denken.

Du hast einen Einflussbereich

Bei Gott gibt es kein Ansehen der Person (Apg 10,34). Er möchte absolut wundersame Dinge im Leben eines jeden Einzelnen von uns tun. Gott hat noch nie etwas erschaffen, das nichts getaugt hätte. Ebenso hat er noch nie einen Menschen geschaffen, der weniger wert wäre als andere Menschen. Wir alle haben etwas, was Gott durch uns bewirken möchte, aber die meisten von uns wissen das nicht und fallen auf die Lüge herein, dass nichts Besonderes an uns sei. Doch die Wahrheit ist: Jeder von uns ist einzigartig und kann etwas, das kein anderer kann.

> *Denn ich weiß, was für Gedanken ich über euch habe, spricht der Herr, Gedanken des Friedens und nicht des Unheils, um euch eine Zukunft und eine Hoffnung zu geben.*
> *— Jeremia 29,11*

Gott hat gute Gedanken für jeden von uns. Er hat einen vollkommenen Plan für unser Leben. Wir sind erstaunlich und wunderbar gemacht (Ps 139,14). Ob unsere Eltern uns nun erwartet haben oder nicht, Gott kannte uns vor Grundlegung der Welt und hat eine Bestimmung für uns. Doch die meisten von uns leben weit unter den Möglichkeiten, die Gott ihnen gegeben hat, und setzen dem, was Gott in ihrem Leben tun will, Grenzen.

Ich gebe jeden Monat eine Million Dollar für die Ausstrahlung unserer Fernsehsendungen aus. Unser Dienst wächst und wir werden in Zukunft sogar noch mehr ausgeben. Aber selbst wenn wir zehn Millionen Dollar monatlich investieren, wird es Menschen geben, die nie von meinem Dienst hören – egal, wie viel Geld ich in unser Fernsehprogramm stecke. Du bist in der Lage, Menschen zu begegnen, die ich nie erreichen werde.

Wir alle haben einen gewissen Einflussbereich oder Menschen um uns herum, die wir erreichen können. Das sind Menschen, die uns kennen und beobachten – Familienangehörige, Nachbarn, Freunde und Kollegen – und die sterben und in die Hölle fahren werden, wenn wir nur herumsitzen und darauf warten, dass unser Pastor oder ein anderer Prediger mit ihnen spricht. Wir müssen aufstehen und uns von Gott dazu gebrauchen lassen, das Leben dieser Menschen zu berühren und dabei unser ganzes Potential zu nutzen!

Wenn ich in einer Versammlung frage, wie viele Leute zu Leitern berufen seien, gibt es jedes Mal einige, die ihre Hand nicht heben. Sie betrachten sich selbst nicht als Leiter. Und doch sind wir alle Leiter. Leiterschaft wird definiert als *Einfluss* und wir alle beeinflussen jemanden – ob es nun unsere Kinder, Nachbarn oder Freunde sind. Manche von uns haben mehr Einfluss als andere, aber wir alle sind berufen, Einfluss auf andere auszuüben. Wenn wir uns nicht als Leiter sehen, die andere beeinflussen können, und stattdessen denken: *Was kann ich schon ausrichten? – Was sein wird, wird sein*, dann verbringen wir unser Leben wie eine

Flipperkugel. Wir werden von einem Problem zum nächsten gestoßen, ohne dass unser Leben eine feste Richtung hat. Wenn wir nicht unsere von Gott gegebene Vollmacht ergreifen und den Bergen befehlen zu weichen, dann begrenzen wir Gott.

Gott hat einen jeden von uns zu einem Leiter gemacht. Das kann je nach unserer spezifischen Berufung unterschiedlich aussehen. Aber Gott, der Allmächtige, lebt in dir, er hat eine Bestimmung für dein Leben, die dafür sorgen wird, dass du Dinge erreichst und Menschen auf eine Weise beeinflusst, die dich zufrieden macht. Es gibt viele Leute, die niemanden positiv beeinflussen und deren Leben nichts bewirkt. Doch wenn du von neuem geboren bist, lebt Gott selbst in dir, und er hat etwas Wichtiges für dich zu tun. Gott lässt in seiner Allmacht die Dinge nicht einfach automatisch geschehen. Wenn dein Leben nicht die pure Freude ist und du es nicht spannend findest – wenn dir die Begeisterung für dein Leben, deine Zukunftsaussichten oder das Wirken Gottes fehlt –, dann lässt du dir Gottes Plan für dich entgehen und begrenzt das, was er in deinem Leben tun will.

Gott hat dich zu etwas berufen, das deine eigenen Möglichkeiten übersteigt

Als Gott am 31. Januar 2002 durch Psalm 78 zu mir sprach, hat das mein Leben revolutioniert. Dieser Psalm wurde geschrieben, damit die jüngere Generation sehen kann, was die ältere Generation getan hat, sodass sie lernen kann, Gott nicht einzuschränken und ihn nicht zu betrüben, wie es ihre Eltern getan haben. Das ist stark! Der Herr gebrauchte diesen Psalm, um mein Leben vollkommen zu verändern.

Und sie versuchten Gott immer wieder und begrenzten den Heiligen Israels. — Psalm 78,41 KJV

Gott sprach im Jahr 2002 durch diesen einfachen Vers zu mir und ich bete, dass er durch ihn auch zu dir spricht. Keiner von uns hat Gottes Fähigkeiten, Ressourcen und Kraft für unser Leben bisher ausgeschöpft. Gott ist unendlich. Gott ist gewaltig. Unser Leben sollte das widerspiegeln. Wenn du auf dein Leben schaust und sagst: »Ich habe eine gute Schulbildung, habe in dieser und jener Firma gearbeitet und mir all das verdient, was ich heute besitze«, dann hast du Gottes Pläne für dein Leben verpasst. Dein Leben sollte die Art von Zeugnis sein, dass du auf die Frage, wie das, was du tust, möglich ist, und warum du so gesegnet bist, allein so antworten kannst: »Das liegt alles nur an Gott.« Wenn du aber auf deine hervorragende Ausbildung, deine Ausstrahlung oder deine Fähigkeiten verweisen kannst, dann hast du Gott übergangen. Ist dein Leben nicht übernatürlich, dann ist es oberflächlich!

Gott beruft dich zu Dingen, die deine Möglichkeiten übersteigen. Er beruft dich zu etwas, das größer ist als du selbst. Ist es etwas, das du mit eigener Kraft vollbringen kannst, dann bezweifle ich, dass du wirklich Gottes Reden gehört hast. Als Gott mich beispielsweise zum Predigen berief, war ich ein total introvertierter Mensch. Zu meiner Schulzeit konnte ich anderen nicht einmal in die Augen schauen, während ich mit ihnen sprach, und heute spreche ich vor Millionen von Menschen. Gott hat mich zu etwas berufen, das meine Fähigkeiten weit übertrifft!

Gott lässt mich Dinge tun, für die es keine natürliche Erklärung gibt. Ich habe keine Antwort darauf, warum Gottes Segen so stark auf meinem Dienst ruht. Es hat nichts mit meinen natürlichen Fähigkeiten zu tun. Ich tue nichts anderes, als Jesus zu lieben und mich an ihn zu halten. Ich kann nicht behaupten, dass der Segen, der auf meinem Dienst liegt, auf meinen großen Talenten oder Fähigkeiten beruht. Und wenn ich Gott wäre, ich hätte für diese Aufgabe bestimmt nicht mich ausgewählt.

Du bist nicht clever genug, um es selbst zu schaffen!

Seht doch eure Berufung an, ihr Brüder! Da sind nicht viele Weise nach dem Fleisch, nicht viele Mächtige, nicht viele Vornehme. — 1. Korinther 1,26

Genau das trifft auf mich zu. Niemand wird bei mir große Fähigkeiten und Talente entdecken. Was ich tue, könnte ich aus eigener Kraft nie schaffen. Alles, was ich vollbringe, schaffe ich nur aufgrund von Gottes Wirken durch mich.

Meine Mutter starb 2009 im Alter von 96 Jahren. Kurz vor ihrem Tod fragte sie mich, wie sich mein Dienst entwickle. Ich erzählte ihr von all den großartigen Dingen, die Gott in Amerika und auf der ganzen Welt tat. Sie schaute mich an, zeigte mit ihrem knochigen kleinen Finger auf mich und sagte: »Andy, du weißt, das ist Gott!«

Ich antwortete: »Ja, ich weiß, es ist Gott.«

Darauf sagte sie: »Du bist nicht clever genug dafür.«

Ich sagte: »Da hast du den Nagel auf den Kopf getroffen!«

Wenn du von dir sagen kannst, dass du alles durch deine eigene Fähigkeit, Stärke oder Kraft erreicht hast, bist du noch nicht in Gottes Willen für dein Leben eingetreten. Gott möchte, dass du Dinge tust, die größer sind als du selbst und die deine natürlichen Fähigkeiten übersteigen.

Ich glaube, wir alle haben Gottes Pläne an dem einen oder anderen Punkt unseres Lebens verfehlt. Keiner von uns landet jeden

Treffer. Keiner von uns glaubt Gott zu hundert Prozent und tut alles, was er tun sollte. Gott ist groß, unbegrenzt und unendlich; er will, dass wir große Dinge glauben. Doch die meisten von uns haben nur Glauben für kleine Dinge.

Als Gott im Jahr 2002 zu mir sprach, sagte er mir, dass ich ihn ebenso begrenze wie es die Israeliten getan hätten, die in ihren Herzen zurückwichen und den Heiligen Israels begrenzten. Ganz ehrlich: Mir war nicht bewusst, dass auch ich Gott begrenzte! Zu dem Zeitpunkt, als er dies zu mir sprach, war ich schon seit 34 Jahren im Dienst und hatte viele unvorstellbare Dinge erlebt. Ich hatte Wunder gesehen, ja sogar Totenauferweckungen. Mein eigener Sohn war vom Tode auferweckt worden. Er war fünf Stunden lang tot gewesen und hatte trotzdem nicht einmal einen Hirnschaden – jedenfalls keinen größeren als vorher!

Wenn du glaubst, dass Gott in seiner Allmacht einfach immer das geschehen lässt, was er will, müsstest du Psalm 78 aus deiner Bibel herausreißen. Dieser Vers sagt, dass die Israeliten Gott begrenzt haben. Gott wollte mehr tun, als sie zuließen. Gott wollte sie ins Gelobte Land führen – und zwar in nur *einem* Jahr anstatt in vierzig! Aber die Israeliten schickten Kundschafter in das Land, die von Riesen berichteten. Daraufhin weigerte sich das Volk, in das Land zu ziehen, und verzögerte so den Willen Gottes vierzig Jahre lang. Sie haben Gott begrenzt!

Wir müssen gar nicht über das Volk Israel hinaus weitersuchen, um zu erkennen, dass wir Gott begrenzen können. Er wollte nicht, dass sie vierzig Jahre in der Wüste verbringen, doch sie begrenzten ihn durch ihre Menschenfurcht. Wir können das gleiche Prinzip auf andere Bereiche unseres Lebens anwenden, wie zum Beispiel auf das Thema Heilung. Gemäß 3. Johannes 2 will Gott nicht, dass wir krank sind, und doch begrenzen wir Gott, wenn es darum geht, wie er uns heilt.

Und Mose war 120 Jahre alt, als er starb; seine Augen waren nicht schwach geworden, und seine Kraft war nicht gewichen. — 5. Mose 34,7

Mose war gesund und konnte perfekt sehen, auch noch mit 120 Jahren. Wenn Gott das für einen Menschen aus dem alten Bund getan hat, dann stell dir vor, wie viel mehr er es für uns tun will, die wir im neuen Bund leben. Wir begrenzen Gott, wenn wir denken: *Ich bin über vierzig, da ist das einfach normal, dass die Dinge in meinem Körper nicht mehr so richtig funktionieren und meine Augen schwächer werden.* Wir vergleichen uns mit anderen (2Kor 10,12) und sagen: »So ist es nun einmal.« Aber wir müssen auf das Wort Gottes schauen und glauben, dass wir genauso gesund und stark und normalsichtig wie Mose sein können. Indem wir denken, dass die Dinge auf bestimmte Weise laufen müssen, weil es andere nun einmal so erleben, begrenzen wir Gott.

Wenn du aber in deinem Herzen sagst: Diese Völker sind zahlreicher als ich! Wie kann ich sie aus ihrem Besitz vertreiben? … — 5. Mose 7,17

Dieser Vers beschreibt genau mein Denken, als Gott mir sagte, dass ich ihn begrenze. Die Israeliten behinderten ihn, indem sie meinten, dass andere Völker größer seien als sie. Gott versprach ihnen den Sieg, aber sie schwankten und zweifelten an Gottes Verheißung. Als sie das taten, begrenzten sie Gott und er konnte die Völker nicht vertreiben (Hebr 4,2).

Gott fließt durch Menschen

Dem aber, der weit über die Maßen mehr zu tun vermag, als wir bitten oder verstehen, gemäß der Kraft, die in uns wirkt ... — Epheser 3,20

Viele Menschen benutzen diesen Vers, um auszudrücken, dass Gott zu allem fähig ist, aber sie lassen den eigentlichen Punkt außer Acht. Dieser Vers besagt nicht nur, dass Gott weitaus mehr zu tun vermag, als wir bitten oder verstehen können. Der Vers geht nämlich weiter mit der Aussage »gemäß der Kraft, die in uns wirkt«. *Gemäß* bedeutet »proportional zu« oder »in dem Maß, wie diese Kraft in uns wirkt«.

Wenn wir keinen Glauben haben und uns nicht selbst auf unserem allerheiligsten Glauben erbauen (Jud 20), begrenzen wir die Kraft Gottes, die durch uns fließt. Wir können Gottes Kraft in unserem Leben blockieren. Wenn wir nicht geheilt werden, liegt es nicht daran, dass Gott uns die Heilung verwehrt – vielmehr sind wir es, die Gottes Kraft in uns nicht fließen lassen. Gott muss durch Menschen fließen. Wenn Leute davon sprechen, dass Gott auf souveräne Weise gewirkt hat, meinen sie damit, dass kein Mensch an diesem Wirken beteiligt war. Sie wollen damit sagen, Gott hätte souverän direkt vom Himmel aus eingegriffen und etwas Bestimmtes getan. Das ist nicht biblisch. Gott gebraucht immer Menschen. Und wir können auf vielerlei Weise behindern, was Gott in unserem Leben tun will.

Wenn man genau hinschaut, wird man feststellen, dass irgendjemand gebetet oder geglaubt hat oder aktiv daran beteiligt war, dass Gott eingreifen konnte. Gott bewegt sich nicht in Wellen. Wir hatten die charismatische Bewegung, die Heilungsbewegung und die Wort-des-Glaubens-Bewegung. Und doch geben wir Gott die

Schuld, als wäre er derjenige, der in Wellen kommt und seine Kraft ausschüttet, um sich dann wieder zurückzuziehen und eine ganze Generation kraftlos dahinvegetieren zu lassen. Aber so handelt Gott nicht! Er will, dass jeder Mensch in seine Fülle hineinkommt.

Gott würde all diese Bewegungen auf einmal ausgießen, wenn wir sie nur empfangen würden. Bei der Heilungserweckung beispielsweise hatte die Gemeinde zuvor die Offenbarung über Heilung verloren. Doch es gab einige Menschen wie Oral Roberts, die sich dieser Offenbarung entgegendrängten. Wenn du sein Zeugnis liest, wirst du feststellen, dass sie nicht einfach *über ihn* kam – er ist ihr nachgejagt.

Ich erinnere mich, wie Oral Roberts von seiner allerersten Versammlung erzählte. Er hatte es einfach so satt, die Christen so kraftlos und ohne Heilung zu sehen, dass er beschloss: »Ich werde nicht auf diese Weise leben. Entweder hat die Bibel recht und Gott tut auch heute noch Wunder, oder ich höre auf, Gott zu dienen und den Pastor zu spielen.« Er musste sich seinen Weg durch Unglauben und Herausforderungen bahnen, aber als er Wunder zu erleben begann, fing er Feuer und entfachte auch andere neu.

Diese und ähnliche Begebenheiten brachten die Heilungsbewegung hervor, und die Leute fingen an, davon zu sprechen, dass Gott in dieser Heilungsbewegung wirken würde. Eigentlich wollte Gott die ganze Zeit schon Heilungen bewirken, aber die meisten Leute strebten nicht in der Weise danach wie diejenigen, die an dieser Bewegung teilhatten. Sie erlebten einen Durchbruch im Bereich der Heilung und erfuhren Gottes wundersame Heilungskraft. Doch in anderen Bereichen brachen sie nicht durch, was nicht daran lag, dass Gott nur eine Heilungsbewegung geben wollte; er hätte gleichzeitig auch eine Glaubensbewegung, eine charismatische Bewegung, eine Gerechtigkeitsbewegung und eine

Taufe-im-Heiligen-Geist-Bewegung bewirkt, wenn die Menschen sie nur gleicherweise empfangen hätten.

Wenn wir den Punkt erreichen, an dem wir es einfach satthaben, krank und kraftlos zu sein, und uns entscheiden, Gott zu glauben, werden wir erleben, dass etwas passiert. Und dann kann es sein, dass wir zu dem Schluss kommen, Gott täte etwas Neues. Ganz im Gegenteil, Gott tut genau das, was er seit 2000 Jahren tun will. Es war nicht sein Wille, dass die Gemeinde durch das dunkle Mittelalter gehe, eine Zeit, in der der Leib Christi aus Mangel an Erkenntnis zugrunde ging und nicht wusste, was das Wort Gottes sagt. Es ist ganz einfach: Wenn wir aufhören, ihn zu begrenzen, kann er tun, was er immer schon tun wollte.

Das Leben ist keine Generalprobe

Gott will in deinem Leben handeln und dich in dein gelobtes Land bringen. Er will Dinge tun, die dich jeden Morgen mit den Worten aufwachen lassen: »Gott, das ist alles so gewaltig! Du bist großartig! Was für ein Privileg, Anteil an deinem Wirken zu haben.« So wünscht Gott sich das für jeden von uns, doch die meisten wachen auf und sagen sich: »Na toll, schon wieder klingelt der Wecker! Ich wünschte, ich könnte weiterschlafen. Aber es ist Montag und ich muss zur Arbeit.« Oder wir kommen an unseren Arbeitsplatz und sagen: »Gott sei Dank, es ist Freitag!«

Eines Tages ging ich durch unseren Pausenraum und hörte, wie einer unserer Angestellten diesen Satz sagte.

Ich fragte ihn, was an einem Freitag so gut sei. Er antwortete: »Es ist der letzte Tag der Arbeitswoche und ich habe morgen frei. Ich muss nicht arbeiten gehen.«

Ich fragte ihn: »Arbeitest du nicht gerne hier? Ich könnte dir helfen, dass du nicht mehr hier arbeiten musst.«

Er antwortete: »O nein, ich arbeite gern hier. Ich genieße nur auch mein Wochenende.«

Ich sagte: »Weißt du was? Es gibt hundert Leute, die gern deinen Arbeitsplatz hätten. Wenn du nicht gern hier arbeitest, kann ich dafür sorgen, dass jeder Tag für dich ein Freitag ist.«

Nun fing er an, kräftig zurückzurudern! Natürlich hatte ich das nur aus Spaß gesagt. Aber mal im Ernst: Wenn du am Montagmorgen nicht gern aufstehst, um zur Arbeit zu gehen, oder dich am Freitag übermäßig darüber freust, dass du zwei Tage lang nicht arbeiten musst, dann hast du Gottes Willen für dein Leben noch nicht gefunden. Das ist eine der Möglichkeiten, wie wir Gott in unserem Leben begrenzen können. Wenn du einen Job ohne Perspektive machst, nur weil du an die Rente denkst oder berufliche Sicherheit suchst, dann lässt du dir entgehen, was Gott für dich hat.

Das Leben ist keine Generalprobe – es ist echt. Wenn du mit deinem Leben nichts machst, was dich aufleben lässt und erfüllt, sodass du denkst: *Welch ein Segen Gottes auf meinem Leben,* dann hast du einen Tag verschwendet. Gott hat eine Bestimmung für dich und wenn du die herausfindest, wirst du Erfüllung erleben. Gott hat nicht jeden von uns dazu berufen, so wie ich im Fernsehen aufzutreten oder vor Menschen zu sprechen, aber er hat jeden von uns besonders gemacht und dazu berufen, etwas zu tun, das unser Leben mit Freude und Frieden ausfüllt. Wenn du das nicht so erlebst, verschwendest du deine Zeit.

Manche beten für Veränderung in ihrem Leben, aber sie erleben keine Freude. Sie sind deprimiert, weil sie nicht das tun, wozu Gott sie berufen hat. Gott zieht dich in die eine Richtung, aber du gehst in die andere Richtung, weil das der Weg ist, den deine Familie seit Generationen schon immer gegangen ist. Du hast Angst davor, dass

Gott dich nach Afrika schicken könnte, wenn du ihm dein Leben in die Hand legst. Also folgst du lieber deinem Verstand als dem Willen Gottes. Aber du wirst auf diese Weise keine Freude und Erfüllung finden, weil du nicht tust, wozu Gott dich berufen hat.

Du bist es!

In den vergangenen Jahren habe ich mehrmals zu den etwa 30 Mitarbeitern einer Firma in Charlotte, North Carolina, gesprochen. Der Chef ruft seine Mitarbeiter zusammen und sagt ihnen: »Die Zeit läuft. Ich bezahle euch dafür, dass ihr diesem Mann zuhört, solange er reden möchte.« Und dann lehre ich sie aus der Bibel. Bei einer dieser Gelegenheiten bemerkte ich eine neue Mitarbeiterin am Empfang, eine junge Asiatin. Ich fragte sie, warum sie nicht bei den anderen versammelten Mitarbeitern sei. Sie antwortete, sie sei noch neu im Betrieb und müsse deshalb hier bei den Telefonen bleiben. Dann fragte sie mich, ob ich der Sprecher sei, was ich bejahte.

Sie fragte mich nach meinem Beruf und ich antwortete, ich sei ein Diener. Sie fragte: »Wessen Diener?«

Ich sagte: »Nun, für den Herrn Jesus Christus.«

Da rief sie aus: »Sie sind es!« Ich fragte: »Ich bin wer?«

Dann erzählte sie mir, dass sie am Abend zuvor ihre Rituale durchgeführt hatte (sie war entweder Hindu oder Buddhistin), als ihr plötzlich Zweifel kamen, ob ihr Gott der wahre Gott sei. Sie unterbrach ihr Ritual und sagte: »Gott, ich weiß, dass es dich gibt, und da muss es noch mehr geben als das. Bitte offenbare dich mir und zeig mir, wer der wahre Gott ist.«

Sobald sie das gebetet hatte, erschien ein Lichtball vor ihr und eine Stimme sagte: »Ich schicke dir morgen jemanden, der dir erzählen wird, wer ich bin.«

Dann schaute sie mich an und sagte: »Sie sind es!« Ich antwortete: »Amen, ja, ich bin es.«

Ich hatte die Gelegenheit, sie zum Herrn zu führen, sie empfing die Geistestaufe und sprach in neuen Sprachen. Als ich zurück zu meinem Auto ging, empfand ich solch einen Frieden und eine Freude, weil ich wusste, dass ich zur richtigen Zeit am richtigen Ort war. Es war so befriedigend zu wissen, dass ich genau dort war, wo ich sein sollte. Einige haben das noch nie erlebt, weil sie nicht dort sind, wo sie sein sollen. Sie nehmen lieber den sicheren Weg. Sie schießen auf nichts und treffen es jedes Mal! Es wurde dir beigebracht, logisch zu denken und die Dinge so anzugehen, wie alle anderen in deiner Familie auch. Aber damit begrenzt du Gott!

Vergleiche dich nicht mit anderen

Denn wir wagen es nicht, uns denen zuzurechnen oder gleichzustellen, die sich selbst empfehlen; sie aber sind unverständig, indem sie sich an sich selbst messen und sich mit sich selbst vergleichen. — 2. Korinther 10,12

Die meisten Leute begrenzen Gott, indem sie sich mit anderen vergleichen, doch die Bibel sagt deutlich, dass wir uns nicht an anderen messen sollen. Statt unsere Gedanken vom Wort Gottes beherrschen zu lassen, orientieren wir uns an unseren Eltern oder Großeltern, an dem, was wir im Fernsehen sehen, und hören uns all die schlimmen Geschichten an, die anderen passiert sind. Dann erwarten wir, dass uns das Gleiche passiert. Damit begrenzen wir Gott, indem wir uns mit unseresgleichen messen. Finanzen sind ein solcher Bereich: Wir schauen uns um und sehen, es herrscht eine Rezession, also erwarten wir, dass sie auch uns trifft.

In Colorado Springs gibt es Hunderte von christlichen Werken und als 2008 die sogenannte »Rezession« einsetzte, reduzierten viele von ihnen ihre Einnahmeprognosen um 15 bis 25 Prozent – noch bevor es überhaupt einen Rückgang in den Einnahmen gab. Sie rechneten damit, weil es Probleme in der Finanzwelt gab, und trafen Vorbereitungen für den Fall, dass auch sie davon betroffen sein würden. Und exakt so ist es auch eingetroffen!

Genau zur gleichen Zeit erlebten wir einen großen finanziellen Zuwachs! Im Herbst 2009 begannen wir mit einem Bauvorhaben, das über 60 Millionen Dollar kosten sollte und das wir ohne Schulden verwirklichen wollten. Unsere Einnahmen explodierten buchstäblich während dieser Zeit. Wir hatten einfach beschlossen, nicht an der Rezession teilzunehmen, und planten sie deshalb auch nicht in unser Budget ein. Aus genau diesem Grund blieb unser Dienst davor verschont.

> *Mein Gott aber wird allen euren Mangel ausfüllen nach seinem Reichtum in Herrlichkeit in Christus Jesus.*
> *— Philipper 4,19*

Wir dürfen die Welt nicht über unsere Finanzen herrschen lassen. Unsere Finanzen werden von der himmlischen Ökonomie bestimmt und nicht vom System dieser Welt. Vor einigen Jahren hinterließ Jamies Vater ihr ein Erbe, das wir in Aktien anlegten. Als die Werte am Aktienmarkt Ende 2008 und Anfang 2009 um fünfzig Prozent fielen, legten unsere Aktien um 61 Prozent zu. Ein Zuwachs von 61 Prozent, während die Kurse um fünfzig Prozent nachgaben! Gott hat uns gesegnet! Unser Anlageberater konnte gar nicht verstehen, warum unsere Aktien so erfolgreich waren. Manche sind zu fleischlich gesinnt, um so etwas zu glauben. Sie würden lieber natürliche Gründe dafür anführen. Unser Berater erzählte uns, dass andere seiner Klienten nicht so viel Gewinn gemacht hätten wie wir. Der Unterschied ist: Wir glaubten Gott. Wie ein Mensch in seinem Herzen denkt, so ist er – selbst wenn es gegen den Trend geht. Manche schauen auf die Wirtschaftslage und beginnen zu glauben, dass sie Abstriche machen müssen; sie erwarten nicht, trotzdem erfolgreich zu sein. Das begrenzt, was Gott in ihrem Leben tun kann.

Einige von euch geben in solchen Zeiten weniger, weil sie mit finanziellen Problemen rechnen. Doch ihr solltet lieber weniger Schulden machen und eure Ausgaben reduzieren – nicht euer Geben! Mit Blick auf die Ernte ist das Schlimmste, was man tun kann, die Aussaat zu verringern. Wenn überhaupt, sollte man noch mehr säen! Aber die wenigsten denken so und begrenzen Gott daher.

Bevor der Herr im Jahr 2002 zu mir sprach, war ich wirklich davon überzeugt, die Dinge im Glauben von Gott zu empfangen. Ich dachte, ich würde das wirklich gut machen, im Vergleich zu meinem früheren Leben und im Vergleich zu anderen. Und in der Tat, ich war auf einem guten Weg – und doch ist es nicht weise, sich mit anderen zu vergleichen. Es spielt keine Rolle, ob alle in deiner Familie immer nur auf der Verliererseite waren. Das bedeutet nicht, dass dir das auch passieren muss, es sei denn, du bist davon überzeugt, dass es in deinen Genen steckt. Nur weil alle anderen unter einer Wirtschaftskrise leiden, muss es dich nicht auch treffen – es sei denn, du glaubst, dass auch du betroffen sein wirst. Sich mit seinesgleichen zu messen und sich mit der Welt zu vergleichen ist der falsche Maßstab.

Wenn du nur ein paar Minuten lang die Nachrichten hörst, bekommst du bereits eine Menge Mist zu hören. Nachrichten sind voller Negativität. Zum Beispiel erfährst du dort, dass gerade eine Grippewelle herrscht und man sich unbedingt impfen lassen soll.

Die meisten Leute denken: *Das kann mich genauso treffen. Ich kriege die Grippe, wenn ich mich nicht impfen lasse.* Wenn du immer auf alle anderen hörst und der Überzeugung bist, dass du die Grippe bekommst, wird das auch passieren. Aber das Wort Gottes ist zu jeder Zeit wirksam – auch wenn eine Grippewelle herrscht. Wir müssen uns auf Verse wie Psalm 91 stellen und bekennen, dass sich keine Plage unserem Heim naht. Ich bin entschlossen, fest auf dem Wort Gottes zu stehen und in übernatürlicher Gesundheit zu leben.

Die meisten von uns trinken aus dem schmutzigen Brunnen der Welt, wenn sie all dies Negative hören, das auf dieser Welt als normal gilt. Deswegen erwarten wir, ebenfalls krank zu werden. Wir lassen uns von diesen Dingen beeinflussen, weil wir denken: *Ich bin doch auch nur ein Mensch!* Aber wenn wir von neuem geboren sind, sind wir nicht mehr »nur« ein Mensch – ein Drittel von uns ist voller Heiligem Geist, ein Drittel von uns ist vollkommen gemacht (nämlich unser Geist). Uns sollte nicht das Gleiche widerfahren wie der Welt. Wir sollten uns nicht mit denen vergleichen, die Gott nicht in ihrem Inneren wohnen haben. Das ist dumm! Die politisch korrekte Ausdrucksweise dafür wäre: *Mangel an Erkenntnis ist unser Problem.* Aber in Texas würden wir sagen: *Wie dumm kann man sein und trotzdem noch atmen?*

Mein Vater starb, als er 54 war. Ich kannte ihn nur kränklich. Er konnte nie mit mir Ball spielen oder irgendwelche Aktivitäten unternehmen. Als ich 12 Jahre alt war, starb er an Herzproblemen. Leute sagten mir, dass ich mit fortschreitendem Alter ebenfalls Herzprobleme bekäme, ebenso Arterienverkalkung und Bluthochdruck, weil die Veranlagung dazu vererbt wird. Aber als ich dann für den Herrn Feuer und Flamme wurde, war eines der ersten Dinge, die ich tat, diesen Fluch zu brechen. Egal, was meinem Vater widerfahren ist, mir wird das nicht passieren!

Meine Mutter dagegen wurde 96 Jahre alt und war bis ins hohe Alter stark wie ein Pferd. Aber niemand kam auf die Idee, mir zu sagen, dass ich von den guten Genen meiner Mutter profitieren werde. Nein, man schaute nur auf die schlechten Gene meines Vaters und prophezeite gleich das Allerschlimmste. Die Menschen neigen dazu, immer gleich das Schlimmste zu erwarten und sagen dann Dinge wie: »Mein Vater hatte Herzprobleme, also werde ich wohl auch welche bekommen.« Sie akzeptieren das einfach als Tatsache. Wir müssen aufhören, uns mit unseren Eltern oder anderen Leuten zu vergleichen. Diese Denkweise begrenzt die Heilung, die Gott in unserem Körper bewirken will.

Die meisten Leute wollen sich nicht von der Bibel vorschreiben lassen, was sie zu glauben haben. Sie denken: *Es war in meiner Familie schon immer so, deshalb wird es auch so bleiben.* Wir müssen unsere Glaubensüberzeugungen verändern. Manchmal tarnen sich diese Überzeugungen auf so subtile Weise, dass wir sie nicht einmal erkennen. Beispielsweise hat man den Frauen beigebracht, dass sie sich an zwei bis sechs Tagen pro Monat aufführen müssten wie der Teufel. Gott hat Frauen nicht so erschaffen, aber sie haben sich dieses ungöttliche Verhalten einreden lassen. Wenn sie glauben, dass es so sein muss, wird Satan sich nicht zweimal bitten lassen.

Jamie hatte in jungen Jahren solche »Frauenprobleme«, aber sie vertraute Gott hinsichtlich ihrer Heilung und konnte diese Probleme überwinden. Sie durchlief die Wechseljahre, ohne ein nervliches Wrack zu werden. Sie brauchte keine Hormone zu nehmen. Sie ging auf übernatürliche Weise durch diese Zeit. Doch viele Frauen glauben, dass die Menopause schlimm sein muss und sie all diese Symptome durchmachen müssen – aber wer sagt das? Die natürlichen – nicht die übernatürlichen – Erfahrungen anderer haben uns das gelehrt und deswegen akzeptieren wir ein Leben auf niedrigem Niveau und glauben, wir müssten krank werden, die Grippe oder Kopfschmerzen bekommen oder mit Schmerzen leben.

Ich habe keinerlei Schmerzen in meinem Körper und dabei bin ich über siebzig Jahre alt. In mehr als fünfzig Jahren bin ich nur einmal krank gewesen und schuld daran war meine eigene Dummheit. Ich hatte in einer Woche 41 Mal gepredigt und in der darauffolgenden 42 Mal, danach war ich so müde, dass ich buchstäblich ins Bett kroch. Ich blieb einen Tag lang im Bett, um mich auszuruhen, und sägte am nächsten Tag Holz. Das war zu viel und ich wurde krank. So etwas kann man unter Dummheit verbuchen! Das war das einzige Mal, dass ich krank war. Ich glaube nicht an Krankheit. Ich nehme Krankheit nicht an. Manche von euch denken, dass das so nicht funktioniert, aber ich lebe auf diese Weise. Wenn du Krankheit erwartest, begrenzt du Gott.

Wenn du krank bist, musst du nicht alles über diese Krankheit herausfinden. Konzentriere dich nicht auf die Krankheit, sondern vielmehr darauf, was Gottes Wort sagt. Sein Wort sagt, dass dem, der glaubt, alle Dinge möglich sein werden. Du solltest Bibelverse über Heilung laut zu dir selbst sprechen. Lege Zettel mit Versen an Stellen, wo du sie oft sehen und dich darauf konzentrieren kannst. Doch statt sich auf das Wort Gottes zu fokussieren, setzen die meisten von uns Gott Grenzen, indem sie sich zu sehr mit der Welt und dem Leben anderer beschäftigen.

Du bist nicht durchschnittlich

Es sollte ein Unterschied zwischen Christen und den Menschen geben, die Gott nicht kennen. Wir sind lebendig und sie sind tot. Es besteht ja auch ein Unterschied zwischen einer Leiche und einem

Lebenden. Manche Christen sind genauso krank wie ihre Nachbarn, so arm wie ihre Nachbarn, so deprimiert wie ihre Nachbarn und so negativ wie ihre Nachbarn – und die kennen Gott nicht einmal. Würden manche von uns wegen ihres christlichen Glaubens verhaftet werden, gäbe es nicht ausreichend Beweismaterial für eine Verurteilung. Es sollte einen Unterschied geben! Gott hat uns zu mehr als dem erschaffen, was wir momentan erleben. Gott hat uns mehr als nur durchschnittlich gemacht. Wenn wir durchschnittlich sind, bedeutet das, wir sind weder gut noch böse; dann sind wir lauwarm (Offb 3,16)! Gott hat uns alle besonders gemacht. Wenn wir uns nicht so fühlen, sollten wir aufhören, Gott zu begrenzen.

Das gilt nicht nur für unsere Gesundheit, unsere Finanzen oder für Dinge, die in dieser Welt passieren; es gilt auch für den geistlichen Bereich. Die meisten Menschen fragen nicht wirklich nach Gott und hören auch nicht auf ihn. Sie haben keine enge Beziehung zu ihm, weshalb sie zu denken beginnen: *Nun, die meisten Menschen erleben nicht, wie Dinge im Glauben geschehen, also ist es in Ordnung, wenn auch ich keinen Sieg erlebe.* Durch ihre Denkweise setzen sie Gott Grenzen.

Ein Beispiel dafür ist das, was nach den Terroranschlägen vom 11. September 2001 passierte. Das Einkommen der meisten christlichen Werke sank um 25 bis 40 Prozent, weil sich die ganze Aufmerksamkeit auf die Anschläge richtete. Die Menschen hörten im Radio oder sahen im Fernsehen nichts anderes mehr als nur Berichte über diese Ereignisse und ihre Auswirkungen. Jeder wollte verstehen, was los war. Die Leute spendeten vor allem dem Roten Kreuz und ähnlichen Organisationen.

Die meisten großen Dienste standen während jener Zeit kurz vor dem Bankrott. Doch die Einnahmen unseres Dienstes haben sich seit jenem Datum verdreifacht. Sie sind erheblich gewachsen!

Dieses Wachstum begann sofort nach dem 11. September. In manchen Monaten hatten wir Rekordeinnahmen! Was bei uns funktioniert hat, hätte bei anderen auch funktionieren können.

Bei Gott gibt es kein Ansehen der Person (Röm 2,11). Christen sollte es besser gehen als einem Durchschnittsmenschen. Schließlich ist Jesus gestorben, um uns aus der gegenwärtigen bösen Welt herauszuretten (Gal 1,4). Doch leider erlebt das nicht jeder Christ so.

Setzt du dem, was Gott für dich oder durch dich tun will, Grenzen, indem du dich mit anderen vergleichst? Willst du wirklich leben wie alle anderen, mit den gleichen Krankheiten oder den gleichen emotionalen und finanziellen Problemen? Wir müssen uns mit dem Wort Gottes beschäftigen und herausfinden, was es sagt. Das Wort Gottes bringt uns immer weiter nach oben und nicht nach unten.

> *Und der Herr wird dich zum Haupt setzen und nicht zum Schwanz; und es wird mit dir immer nur aufwärtsgehen und nicht abwärts, wenn du den Geboten des Herrn, deines Gottes, gehorchst, die ich dir heute gebiete, dass du sie bewahrst und tust. — 5. Mose 28,13*

Wenn wir Leute fragen, wie es ihnen geht, antworten sie manchmal: »Nun, unter den Umständen ziemlich gut.« Wir müssen ihnen sagen, dass sie unter den Umständen hervorkommen sollen! Wir sollten *über* den Umständen stehen und nicht darunter. Wir sind der Kopf und nicht der Schwanz. Wir sollten uns freuen inmitten aller Probleme. Natürlich gibt es Gründe, warum wir Probleme haben, aber diese sollten keine Ausrede sein. Ich verurteile niemanden und ich behaupte auch nicht, dass wir in einer perfekten Welt leben, wo alles immer nur rosig ist. Aber ich behaupte, dass Gott niemanden zum Versagen vorherbestimmt hat. Wenn du gerade dabei bist, zu versagen, will er nicht, dass du auf diese Weise lebst. Gott liebt dich. Er will, dass du Siege erlebst. Er hat dich dazu erschaffen, auf der Gewinnerseite zu stehen. Du bist ein Sieger!

Du kannst es

Als der Herr zu mir sprach und mir sagte, dass ich ihn begrenze, rief ich meine Mitarbeiter zusammen und sagte ihnen, dass ich zwar nicht wüsste, wie lange ich brauchen würde, um das Bild, das ich in mir trug, zu verändern, dass mir aber klar geworden sei, dass ich Gott begrenzt hatte. Ich hatte mich das, was Gott mir aufgetragen hatte, selbst noch nicht tun sehen. Ich hatte einigen Leuten zwar davon erzählt, was Gott zu mir gesprochen hat, und doch konnte ich noch nicht sehen, wie diese Dinge geschahen.

Ich sagte: »Ich weiß nicht, wie lange ich brauche, um dieses innere Bild zu verändern. Vielleicht dauert es eine Woche, einen Monat, ein Jahr oder zehn Jahre – aber ich werde es verändern! Ich werde tun, wozu Gott mich berufen hat.« Ich hatte wirklich keine Ahnung, wie lange es dauern würde. Aber nach einer Woche war mein Leben wie umgekrempelt.

Zwei Jahre lang hatte ich versucht, über die zweitgrößte Fernsehstation des Landes zu senden. Ich war bereits fünf Mal dort zu Gast gewesen (man hat mich jedes Mal 45 Minuten lang predigen lassen) und ich war sogar mit einem Programmverantwortlichen befreundet. Doch wann immer ich versuchte, in ihr reguläres Programm zu kommen, nannten sie uns einen Preis, der doppelt so hoch lag wie der übliche Tarif. Auch die Agentur, über die wir Sendezeiten kaufen, hatte es versucht, doch es sah so aus, als wollte der Sender uns nicht. Es war unerklärlich, warum wir dort nicht hineinkamen, wo ich doch sogar mit einem der Verantwortlichen befreundet war.

Nur zwei Tage, nachdem ich meinen Mitarbeitern mitgeteilt hatte, dass ich entschlossen sei, mein inneres Bild zu verändern, bekam ich einen Brief von meinem Freund, in dem er mich fragte, warum wir noch nicht bei ihm auf Sendung seien. Er sagte, er verstehe nicht, wo das Problem liege. Ab nächsten Montag sei mein Programm eingeplant, die finanziellen Details könnten wir später klären. Innerhalb einer Woche war ich auf diesem Sender, wodurch unser Fernsehdienst einen riesigen Wachstumsschub bekam.

In einer anderen Situation hatten Jamie und ich gebetet, dass uns jemand bei der Verwaltungsarbeit in unserem Dienst helfen würde. Bisher hatte Jamie das gemacht. Sie machte es gut, aber es war nicht ihre Stärke. Die Sache wuchs uns über den Kopf und wir brauchten Hilfe. Aber wo findet man jemanden, der das gleiche Herz wie wir für den Dienst hat und damit einverstanden ist, dass wir unsere Produkte einfach verschenken? Wir hatten bereits zehn Millionen Kassetten, Bücher, CDs, DVDs und weiteres Material verschenkt. Jeder, den ich mit der Verwaltung betrauen wollte, erklärte mich für verrückt – insbesondere dann, wenn sie Einblick in unsere Finanzen bekamen und sahen, dass es Probleme gab. Sie sagten: »Verkauf dein Material; hör auf, alles zu verschenken.« Also machte Jamie weiterhin die Verwaltung, weil sie das gleiche Herz hatte wie ich. Wir waren uns einig, dass Gott es uns so aufgetragen hatte.

Ein paar Tage nachdem ich meinen Mitarbeitern meine Entscheidung mitgeteilt hatte, rief ich eines meiner Vorstandsmitglieder an, um eine Sitzung abzusagen. Er sagte, ich riefe genau im richtigen Moment an, denn er und seine Frau hätten gerade beschlossen, in den Vorruhestand zu treten und nach Colorado zu ziehen, um uns bei der Weiterentwicklung des Dienstes zu helfen.

Um es kurz zu machen: Dieser Mann kam, um für uns zu arbeiten. Ich konnte kaum glauben, dass jemand, der das gleiche Herz für den Dienst hatte und über große berufliche Qualifikationen und Erfahrungen verfügte, für uns arbeiten wollte. Unser Dienst war klein und unsere Einnahmen kümmerlich. Und doch ging dieser Mann extra in den Vorruhestand, um uns zu helfen.

Als ich mich entschloss, mein Herz zu verändern und Gott nicht länger zu begrenzen, verdreifachte sich augenblicklich der Umfang unseres Fernsehdienstes und Gott begann, mir die besten Leute zur Hilfe zu schicken. Es dauerte zwei Monate, bis ich unseren Partnern einen Brief schicken konnte, um mitzuteilen, was Gott zu meinem Herzen darüber gesprochen hatte, dass ich ihn begrenzte. Einen weiteren Monat brauchte es, bis alle darauf reagiert hatten. Insgesamt dauerte es also drei Monate, bevor ich es öffentlich machte. Aber schon lange davor, bereits nach ein bis zwei Wochen, fingen unsere Einnahmen an zu explodieren. Zu dieser Zeit wusste noch niemand von meiner Entscheidung und konnte noch gar nicht darauf reagieren. Es passiert etwas im geistlichen Bereich, wenn du anfängst, Gott zu glauben. Du musst Gottes Pläne für dein Leben erkennen und aufhören, ihm Grenzen zu setzen. Glaube, dass er mehr für dich hat als das, was du gerade erlebst.

Als ich aufhörte, Gott Grenzen zu setzen, und anfing zu tun, wozu er mich berufen hatte, ging es mit unserem Dienst steil nach oben. Innerhalb der nächsten zwölf Jahre wuchs die Zahl der eingehenden Anrufe um 1500 Prozent an. Wir haben heute mehr als 1,1 Millionen Besucher auf unserer Internetseite, das sind ungefähr 37.000 Aufrufe pro Tag. Wir beschäftigen mehr als 300 Mitarbeiter (im Jahr 2001 waren es 30) und die eingehenden Onlinebestellungen haben um ungefähr 5000 Prozent zugenommen. Die Einnahmen unseres Dienstes (ohne die Einnahmen unserer Bibelschulen und der ausländischen Standorte) sind von 2,2 Millionen Dollar im Jahr

2001 auf 38 Millionen Dollar im Jahr 2013 angestiegen. Welch ein enormes Wachstum! Derzeit bauen wir einen Bibelschul-Campus für insgesamt 65 Millionen Dollar. Der erste Bauabschnitt mit einem Volumen von 32 Millionen Dollar wurde im Januar 2014 fertiggestellt, ohne dass wir Schulden machen mussten.

Das ist phänomenal! Und außergewöhnlich! In jede Richtung, in die wir uns wenden, multipliziert Gott unser Wachstum. UND DAS BESTE KOMMT ERST NOCH!

All das begann, als Gott mir sagte, dass ich ihm mit meinem Kleindenken Grenzen setze. Als ich mein Denken und meinen Glauben veränderte, erlebte ich die übernatürliche Kraft Gottes. Viele von euch, die dieses Buch lesen, wünschen sich die gleichen Resultate, aber ihr zögert noch, den Funken zu empfangen, der diese Explosion auch in meinem Leben auslöste. Wer die Frucht möchte, braucht auch die Wurzel der Pflanze.

Du kannst die Grenzen aufheben, die du Gott gesetzt hast! Du kannst anfangen zu erleben, wie Gott deine Effektivität vergrößert und dein Leben transformiert. Und das muss keine zehn Jahre dauern. Es kann innerhalb einer oder zwei Wochen beginnen, wenn du dein Denken in die richtigen Bahnen lenkst. Vielleicht dauert es etwas länger, bis die Dinge sichtbar werden. Aber sobald du Korrekturen in deinem Herzen vornimmst, ist es nur eine Frage der Zeit, bis du die Resultate erlebst.

Ich bin noch nicht am Ziel, aber ich habe mich auf den Weg gemacht. Ich bin unterwegs! Manche sind noch nicht losgegangen, manche sind stecken geblieben und manche wünschen sich, dass es anders funktionieren würde. Wenn wir jedoch unser Denken nicht verändern, werden wir in einem Jahr noch immer an derselben Stelle stehen und Gott um die gleichen Dinge bitten. Es ist nicht Gott, der sich begrenzt, du bist es! Du begrenzt ihn durch deine falsche Art zu denken. Diese gilt es zu verändern, indem du aufhörst, dich mit anderen zu vergleichen. Lies das Wort und halte Ausschau nach Menschen, die etwas Außergewöhnliches getan haben und die dir bezeugen können: *Bei Gott gibt es kein Ansehen der Person. Was er für uns getan hat, wird er auch für dich tun* (siehe Apg 10,34). Lass dich vom Wort Gottes herausfordern! Lass den Heiligen Geist durch dich sprechen und dir ein Bild vor Augen malen, wie du sein sollst und was du tun kannst! Fang an, die Grenzen für Gott aufzuheben!

KAPITEL 2

Die Sorgen dieser Welt

Heutzutage ist es leicht, die Sorgen dieser Welt, den Betrug des Reichtums und die Begierde nach anderen Dingen ins Herz eindringen und dort das Wort ersticken zu lassen. Diese Ablenkungen begrenzen Gott und hindern uns daran, seinen Plan für unser Leben zu verstehen.

Wenn der Same (das Wort Gottes) in den Boden (unsere Herzen) gepflanzt wird, hat er das Potential, hundertfältige Frucht hervorzubringen. Aber nicht der Same bestimmt, wie viel Frucht entsteht, sondern der Boden. Wenn wir viele Dornen in unserem Leben haben und den Sorgen dieser Welt, dem Betrug des Reichtums und der Begierde nach anderen Dingen gestatten, in unser Herz einzudringen und das Wort Gottes zu ersticken, dann begrenzen wir das, was Gott in unserem Leben tun kann.

Sei still

Wenn wir nicht still werden und einige Dinge ausschalten, können wir die Größe Gottes nicht in vollem Umfang verstehen. Wir müssen still werden und ihn zu uns sprechen lassen. In Psalm 46,11 heißt es: *Seid still und erkennt, dass ich Gott bin.* Als Jamie und ich in der Woche, in der Präsident Reagan starb, in Washington waren, hatten wir die Gelegenheit, am Trauerzug zu seinen Ehren teilzunehmen. Als wir die National Mall auf einem Kiesweg entlanggingen, bemerkte ich, dass kein einziges Geräusch von unseren Schritten zu hören war. Obwohl sich alle still verhielten und niemand sprach, konnten wir den Kies unter unseren Füßen nicht hören.

Am nächsten Tag besuchten wir den Shenandoah-Nationalpark in den nahe gelegenen Appalachen, wo wir wieder auf einem Kiesweg liefen. Aber dort war das Geräusch von unseren Schritten auf dem Kies so laut, dass es durch den Wald hallte. Ich wunderte mich, wie es sein kann, dass wir hier unsere Schritte hören konnten, aber nicht am Tag zuvor auf der National Mall. Der Herr sprach zu mir und sagte, dass es an all den Umgebungsgeräuschen in Washington lag – die Flugzeuge, der Verkehr und all die vielen Hintergrundgeräusche. Wenn wir sehr beschäftigt sind und in unserem Leben zu viel im Hintergrund geschieht, behindert das unsere Fähigkeit, Gott zu hören, und uns entgeht, was er uns sagen will.

> *Er aber sprach: Komm heraus und tritt auf den Berg vor den Herrn! Und siehe, der Herr ging vorüber; und ein großer, starker Wind, der die Berge zerriss und die Felsen zerbrach, ging vor dem Herrn her; der Herr aber war nicht in dem Wind. Und nach dem Wind kam ein Erdbeben; aber der Herr war nicht in dem Erdbeben. Und nach dem Erdbeben kam ein Feuer; aber der Herr war nicht in dem Feuer. Und nach dem Feuer kam die Stimme eines sanften Säuselns.*
> *— 1. Könige 19,11–12*

Elia erlebte ein Erdbeben, ein Feuer und einen mächtigen Wind, der so stark war, dass er Felsen zerstörte. Aber Gott war nicht in diesen spektakulären Dingen; er sprach mit einer sanften, leisen Stimme. Das ist in den allermeisten Fällen die Art und Weise, wie Gott zu uns spricht. Er kann auch brüllen und spektakuläre Dinge tun, aber die wahre Natur Gottes ist eine leise, sanfte Stimme.

Jesus sagte: »Ich bin sanftmütig und von Herzen demütig; so werdet ihr Ruhe finden für eure Seelen!« (Mt 11,29). Als Jesus auf die Erde kam, hätte er in einer Boeing 747 in Jerusalem landen können. Das hätte eine Menge Aufmerksamkeit erregt! Stattdessen kam er und verkündete seine Ankunft den Hirten.

Vermutlich werden 99 Prozent von uns dem Herrn nicht in dramatischer Weise in einem hellen, gleißenden Licht begegnen, sondern auf eine kaum bemerkbare, einfache Weise. Doch wenn wir nicht aufpassen, lassen wir die Sorgen dieser Welt, den Betrug des Reichtums und die Begierde nach anderen Dingen eindringen und überhören dann diese sanfte, leise Stimme. Psalm 46,11 fordert uns auf: »Seid still und erkennt, dass ich Gott bin« – wir müssen still sein!

Der Lebensstil der meisten Menschen ist einer Beziehung zu Gott nicht förderlich. Wir stopfen unser Leben voll mit allen möglichen Dingen und haben kaum jemals Zeiten der Ruhe. Haben wir dann einmal zufällig etwas freie Zeit, landen wir vorm Fernseher. Wir haben keine Zeit, in der unsere Gedanken frei sind und von Gott geleitet werden können. Das begrenzt, was Gott in unserem Leben tun kann.

Vor einigen Jahren hatte ich einen Traum. In diesem Traum sah ich ein Banner mit der Aufschrift »Psalm 46,11«, aber ich konnte mich nicht im Geringsten daran erinnern, was dort steht. Ich hatte diesen Vers schon Hunderte Male zitiert, aber an diesem Tag konnte ich mich einfach nicht erinnern. Als ich aufwachte, schlug ich die Schriftstelle nach und dort stand: »Seid still und erkennt, dass ich Gott bin.«

Ich wusste nicht genau, was dieser Vers mir sagen sollte, aber ich dachte: *Nun, vorsichtshalber werde ich einfach stillhalten und mich nicht bewegen.* Mehr als eineinhalb Stunden lang saß ich draußen auf meiner Terrasse und bewegte mich nicht. Rehe kamen näher und starrten mich an. Streifenhörnchen setzten sich auf meine Füße und kletterten meine Beine hinauf. Ich beobachtete Tausende von Ameisen, die überall herumliefen. Ich hörte Vögel fliegen und den Wind wehen.

All das hatte ich vorher nicht bemerkt, aber als ich still wurde, fielen mir diese unaufhörlichen Aktivitäten um mich herum auf. Vorher war ich zu beschäftigt, um all das zu bemerken. Wegen unseres geschäftigen Lebensstils sind wir überhaupt nicht mehr empfänglich für solche Dinge. Das Gleiche gilt für den geistlichen Bereich: Gott spricht unaufhörlich zu uns. Hast du dich je gefragt, wie Vögel Tausende von Kilometern fliegen und Jahr für Jahr an genau dem gleichen Tag an genau der gleichen Stelle landen können? Oder woher Fische wissen, wo sie jedes Jahr aufs Neue ihren Laich ablegen sollen? In Psalm 19,2 (ELB) heißt es: »Der Himmel erzählt die Herrlichkeit Gottes, und das Himmelsgewölbe verkündet seiner Hände Werk.«

Die Schöpfung ruft uns jeden Tag zu. Jeder Sonnenaufgang und jeder Sonnenuntergang ist ein gewaltiges Zeugnis von Gottes unermesslicher Größe. Gott redet ununterbrochen zu uns, doch wir sind zu beschäftigt, um ihn zu hören. Durch unseren Lebensstil wird das, was Gott in unserem Leben tun will, erstickt. Wir müssen Zeit dafür aufwenden, still zu sein und Gott zu uns reden zu lassen. Doch viele mögen das nicht, denn wenn sie ruhig werden, regt sich unweigerlich etwas in ihnen und lässt Fragen hochkommen wie: *Ist das wirklich alles? Soll das alles für mein Leben sein? Gibt es noch mehr? Tue ich wirklich, wozu Gott mich berufen hat?* Für die meisten Menschen sind das unangenehme Fragen und weil sie sich nicht mit ihnen auseinandersetzen wollen, übertönen sie diese Stimmen. Das hält sie davon ab, die Stimme Gottes zu hören.

Unser Leben ist so vollgepackt, dass wir oft davon sprechen, wie beschäftigt wir seien. Wenn wir dann doch ein wenig freie Zeit haben, füllen wir sie gleich mit irgendeiner Beschäftigung aus. Wir machen alle möglichen Dinge gleichzeitig und prahlen damit, wie gut wir alles unter einen Hut bekommen. Doch statt mit unserer Geschäftigkeit anzugeben, sollten wir in unserem Leben einen Raum schaffen, der es uns ermöglicht, Gottes Stimme zu hören.

Jesus sonderte seine Jünger ab und rief sie auf, abseits an einen einsamen Ort zu gehen und zu ruhen (Mk 6,31). Jesus ging in die Wüste, um sich auszuruhen, aber die Menschenmenge folgte ihm um den See herum und ließ ihn nicht zur Ruhe kommen. Also blieb er die ganze Nacht hindurch wach, um zu beten (Mt 14). Jesus lud seine »geistlichen Batterien« auf, indem er Gemeinschaft mit dem Vater hatte. Das war für ihn wichtiger als Schlaf. Wenn Jesus sich zurückziehen musste, um allein zu sein und ein wenig zu ruhen, und wenn Jesus auch seine Jünger dazu aufforderte, müssen wir seinem Beispiel folgen und das Gleiche tun.

Du hast die Wahl

Ich weiß, Herr, dass der Weg des Menschen nicht in seiner Macht steht, dass der Mann, wenn er geht, seine Schritte nicht lenken kann. — Jeremia 10,23

Gott hat uns die Vollmacht über unser Leben gegeben. Es ist uns gestattet, unser Leben selbst zu gestalten, aber das ist die falsche Entscheidung. Wir können nur dann unser Potential voll entfalten, wenn wir uns von Gott abhängig machen und uns von ihm leiten lassen. Gott hat uns nicht dazu erschaffen, unser Leben selbst in den Griff zu bekommen. Der Mensch findet seinen Weg nicht in sich selbst. Wir müssen Zeit mit Gott und seinem Wort verbringen und seinem Plan für unser Leben folgen.

Betrachten wir einen Vers aus dem 5. Buch Mose:

Ich nehme heute Himmel und Erde gegen euch zu Zeugen: Ich habe euch Leben und Tod, Segen und Fluch vorgelegt; so erwähle nun das Leben, damit du lebst, du und dein Same.
— 5. Mose 30,19

Gott hat uns die Wahl überlassen, aber er sagt uns auch, wie wir uns entscheiden sollen. Die richtige Entscheidung besteht darin, das Leben zu wählen – Gott zu wählen. Wir müssen sensibel für Gott werden, doch das funktioniert nicht, wenn die Sorgen dieser Welt und andere Dinge das Wort Gottes in uns ersticken. Dazu braucht es Zeit und eine gewisse Eigeninitiative. Die Leute sagen oft: »Ich habe keine große *Quantität* an Zeit, aber ich habe *Qualitätszeit.*« Und doch müssen wir auch *Quantitätszeit* mit dem Herrn verbringen, indem wir unsere Gedanken auf ihn gerichtet halten. Das bedeutet nicht, dass wir Prediger werden oder unsere weltliche Arbeit aufgeben müssen. Wir können unsere Gedanken auf den Herrn richten, ungeachtet dessen, was wir tun.

Ich war nicht immer ein Prediger. Ich wurde zum Militärdienst eingezogen, wo ich von Gottlosigkeit völlig überschwemmt wurde, dennoch hielt ich meine Gedanken auf den Herrn gerichtet und setzte ihn inmitten schlimmer Umstände an die erste Stelle. Ebenso hatte ich weltliche Arbeitsstellen. Um meinen Lebensunterhalt zu verdienen, habe ich als Betongießer gearbeitet und war gleichzeitig in der Lage, meine Gedanken auf den Herrn gerichtet zu halten. Es ist möglich, du kannst das auch!

In gleicher Weise wie unsere Gedanken arbeiten, wenn wir über Gottes Wort nachsinnen, funktioniert es auch, wenn wir uns Sorgen machen. Besorgnis ist eine negative Form der Meditation. Bist du schon mal arbeiten gegangen, während du dir Sorgen über deine Familie, deine Finanzen, deine Gesundheit oder andere Probleme gemacht hast? Selbst wenn dich Sorgen belasten, bist du dennoch fähig, deine Arbeit zu erledigen. In gleicher Weise kannst du deine Gedanken auf den Herrn gerichtet halten.

> *Denn die Waffen unseres Kampfes sind nicht fleischlich,*
> *sondern mächtig durch Gott zur Zerstörung von Festungen,*
> *sodass wir Vernunftschlüsse zerstören und jede Höhe,*
> *die sich gegen die Erkenntnis Gottes erhebt, und jeden*
> *Gedanken gefangen nehmen zum Gehorsam gegen Christus.*
> *— 2. Korinther 10,4–5*

Wir haben die Vollmacht, jeden Gedanken zum Gehorsam gegen Christus gefangen zu nehmen. Wir können unsere Gedanken auf den Herrn gerichtet halten. In Jesaja 26,3 heißt es: »Einem festen Herzen bewahrst du den Frieden, den Frieden, weil es auf dich vertraut.« Wenn wir nicht total im Frieden sind, sind unsere Gedanken nicht auf den Herrn gerichtet. Wir hören auf den gleichen negativen Kram, den sich die Welt anhört, anstatt auf das Wort Gottes zu hören.

Wenn wir aufhören wollen, Gott zu begrenzen, müssen wir die Gottlosigkeit und all das negative Denken dieser Welt reduzieren, das sich in unserem Herzen ausbreiten will. Wir müssen uns selbst zur Ruhe bringen, still sein, auf Gottes Stimme hören und uns den unangenehmen Fragen stellen, die dann hochkommen: *Ist das alles, was das Leben hergibt? Ist das alles, was Gott von mir will? Gibt es mehr für mich? Habe ich den richtigen Beruf? Ist das die Richtung, in die Gott mich führt?* Solange wir uns diesen Gedanken nicht aussetzen und Gott zu uns reden lassen, werden wir ihn auch weiterhin begrenzen. Am Ende wird es uns genauso ergehen wie den Menschen, die bis über beide Ohren in Schulden stecken.

Solange wir uns verhalten wie sie, werden wir auch die gleichen Resultate erleben. Wir müssen still werden.

Bist du da?

Es war aber in Damaskus ein Jünger namens Ananias. Zu diesem sprach der Herr in einem Gesicht: Ananias! Er sprach: Hier bin ich, Herr! — Apostelgeschichte 9,10

Wahrscheinlich hat kaum jemand diesen Vers in seiner Bibel unterstrichen. Aber der Herr rüttelte mich mit diesem Vers vor über vierzig Jahren wach und veränderte mein Leben. Er sprach durch diesen Vers zu mir, indem er sagte: »Andrew, wie oft habe ich deinen Namen gerufen und du warst nicht da? Du warst immer mit anderen Dingen beschäftigt.« Was wäre wohl passiert, wenn Gott Ananias gerufen hätte und Ananias wäre in einem Zustand gewesen, in dem die Sorgen dieser Welt, der Betrug des Reichtums und die Begierde nach anderen Dingen das Wort erstickt hätten und er Gott nicht gehört hätte? Vielleicht hätte Gott einen anderen berufen, Saulus zu dienen. Egal, was geschehen wäre, eines ist sicher: Wir würden heute nicht mehr von Ananias sprechen. Zu wie vielen von uns hat Gott geredet und versucht, uns von einem Fehler abzuhalten, unser Leben zu verändern oder in bestimmte Situationen einzugreifen, aber wir waren nicht da, weil wir stundenlang vor dem Fernseher gesessen haben?

Unser moderner Lebensstil ist uns keine Hilfe, wenn es darum geht, Gott zu erkennen. Wenn wir aufhören wollen, Gott zu begrenzen, müssen wir anfangen, Zeit mit ihm zu verbringen und unser Denken zu erneuern. Dabei ist das Wort Gottes so wichtig, weil es uns hilft, unsere Aufmerksamkeit auf die Dinge Gottes zu richten. Wenn wir aufhören wollen, Gott zu begrenzen, und anfangen wollen, das Beste zu erfahren, was er für unser Leben hat, müssen wir uns verstärkt aus dieser Welt ausklinken und unsere Aufmerksamkeit auf Gott richten. Indem wir uns auf ihn konzentrieren, geben wir ihm Gelegenheit, mit dieser leisen, sanften Stimme zu uns zu sprechen.

Ich nehme bewusst Auszeiten und verbringe diese Zeit damit, über den Herrn nachzudenken. Ich gehe auf dem Pfad spazieren, den ich auf meinem Grundstück angelegt habe. Ich verbringe Zeit damit, draußen zu sitzen, umherzuschauen und nachzudenken. Diese Dinge sind wichtig. Unser Lebensstil ist so geschäftig geworden. Das begrenzt, was Gott in unserem Leben tun kann. Wenn wir eine Inspiration für andere sein wollen, müssen wir selbst voller Inspiration sein. Wir müssen Gott zu uns reden lassen. Wir können niemandem etwas geben, was wir selbst nicht haben. Und die meisten von uns lassen Gott nicht wirksam in ihr Leben hineinsprechen, weil sie zu beschäftigt sind, um ihm zuzuhören oder ihm Zeit zu widmen.

Gott hat das Törichte erwählt

Es sollte unser Wunsch sein, Gott besser zu kennen. Ich kann unmöglich sagen, was ich alles verpasst habe, als Gott zu mir reden wollte, während ich zu beschäftigt war, um zuzuhören. Aber trotzdem habe ich auch vieles gehört, weil ich für ihn erreichbar war. Viele von uns sind sehr talentiert und verlassen sich auf ihr Talent; sie haben nicht das Gefühl, Gott wirklich zu brauchen. Manche meinen, sie könnten die Dinge selbst bewältigen, weil sie so motiviert und begabt sind. Diese Menschen tun mir leid. Es ist ein

Segen, nicht besonders begabt zu sein, denn es macht uns abhängig von Gott.

> *... sondern das Törichte der Welt hat Gott erwählt, um die Weisen zuschanden zu machen, und das Schwache der Welt hat Gott erwählt, um das Starke zuschanden zu machen.*
> *— 1. Korinther 1,27*

Es ist von Vorteil zu wissen, dass wir Gott brauchen; dass der Mensch seinen Weg nicht selbst in der Hand hat. Wenn du ein paar Tage oder ein Wochenende mit Fasten und Beten verbringen würdest – ohne dich durch Essen oder irgendetwas anderes ablenken zu lassen – und deine Aufmerksamkeit auf Gott richten und ihn fragen würdest: *Ist das alles, was du für mein Leben hast? Was hast du für mich? Bin ich wirklich da, wo ich sein soll? Bin ich auf dem richtigen Weg oder bin ich vom Kurs abgekommen?* – wenn du Gott völlig freie Hand ließest und still würdest, um ihn zu dir sprechen zu lassen, könnte das dein Leben verändern.

Aber die meisten Christen widmen Gott nicht diese Art von Zeit und Stille und achten auch nicht sehr oft auf seine Stimme. Das jedoch sollten wir regelmäßig tun!

In Sprüche 4,26 (ELB) heißt es: »*Gib acht auf die Bahn deines Fußes, und alle deine Wege seien geordnet!*«. Du musst auf deinen Weg achthaben. Du musst über ihn nachdenken. Du musst über ihn nachsinnen und du musst still sein. Wenn du das tust, wird dein Weg sicher sein.

Ich verbringe viel Zeit damit, darüber nachzusinnen, was Gott in meinem Leben getan hat, woher ich gekommen bin und was Gott über die Jahre hinweg zu mir gesprochen hat. Gott hat so viel für mich getan. Ich denke ununterbrochen darüber nach, wie Gott mein Leben verändert hat und wie sehr er mich liebt.

Wenn du aufhören willst, Gott zu begrenzen, und erleben möchtest, wie sich sein Wille für dein Leben erfüllt, musst du fest entschlossen sein, Gott von ganzem Herzen zu suchen. Du musst still werden und ihn zu dir sprechen lassen. Du musst vor ihm zur Ruhe kommen und zuhören. Manch einer wird denken: *Ist das alles? Das ist ja nicht gerade tiefgründig!* Aber solange du diese Dinge nicht tust, hat es keinen Sinn, zum nächsten Schritt überzugehen.

Meine Schafe hören meine Stimme

Wir müssen uns auf den Herrn konzentrieren. Wir müssen Zeit mit ihm verbringen, sonst setzen wir dem Grenzen, was er in unserem Leben tun kann. Er will uns zu nichts zwingen. Er will uns zu sich ziehen, um unsere Aufmerksamkeit werben und in einer leisen, sanften Stimme zu uns sprechen. Wenn wir aber ständig von zu vielen Geräuschen umgeben sind, werden wir seine Stimme nicht hören können. Und dann wundern wir uns, warum er nicht zu uns spricht!

In Johannes 10,27 sagte Jesus: »Meine Schafe *hören* meine Stimme.« Er sagte nicht: »Meine Schafe *können* meine Stimme hören.« Gott spricht in jeder Minute des Tages zu uns. Wann immer wir vor einer Entscheidung stehen, gibt Gott uns Anweisungen. Wenn wir seine Stimme nicht hören, liegt es nicht daran, dass er nicht spricht, sondern daran, dass unsere Ohren taub sind. Wir übertönen seine Stimme mit anderen Dingen. Wir müssen unseren Lebensstil ändern und unsere Aufmerksamkeit auf ihn richten, um ihn nicht länger zu begrenzen. Du musst nicht schon jeden einzelnen Schritt kennen, bevor du eine bestimmte Richtung einschlägst. Du musst nur wissen, dass Gott zu dir spricht.

KAPITEL 3

Angst vor Risiko

Viele Menschen fürchten das Unbekannte, weil es ein Risiko bedeutet. Wir mögen keine Unbequemlichkeiten. Wir lassen uns nicht gern herausfordern. Aber wenn wir nicht bereit sind, neue Schritte zu wagen, werden wir uns immer nur auf uns selbst verlassen und auf diese Weise können wir gar nicht anders, als Gott zu begrenzen.

Dabei ist es eine spannende Sache, Risiken einzugehen! Meine Frau hat erlebt, wie ihre Eltern jeden Morgen aufstanden, zur Arbeit gingen, heimkamen, vor dem Fernseher saßen und schlafen gingen und dann das Ganze am nächsten Tag wiederholten. Sie betete, dass ihr Leben niemals so langweilig sein würde. Nun ja, ihr Gebet wurde erhört. Unser Leben ist alles andere als langweilig!

Gib dich nicht damit zufrieden, nur zu überleben und über die Runden zu kommen. Das Leben bietet mehr als das. Du brauchst eine Bestimmung. Du brauchst etwas, das dich antreibt. Du musst darauf vertrauen, dass Gott Großes tut. Manch einer mag jetzt denken: *Aber wenn ich etwas Riskantes tue, sterbe ich dabei vielleicht.* Doch welchen Unterschied macht es, auf diese Weise zu sterben oder einen schleichenden Tod durch Krankheit und Depression zu erleiden? Du musst deine Bedenken über Bord werfen und dich aufmachen!

Instinktiv fürchten wir, was wir nicht kennen. Die Bibel sagt:

Furcht ist nicht in der Liebe, sondern die vollkommene Liebe treibt die Furcht aus. — 1. Johannes 4,18

Wenn du wirklich eine lebendige Beziehung zu Gott hast, gibt es keinen Grund, das Unbekannte zu fürchten. Vielleicht weißt du nicht, was die Zukunft bringt, aber du kennst denjenigen, der die Zukunft in der Hand hält. Gott wird niemals etwas tun, das dir Schmerzen zufügt. Alles, was er tut, soll dir zum Segen sein.

Du musst dich auch nicht davor fürchten, etwas Neues zu beginnen. Manche denken: *Wenn ich auf die Bibelschule gehe, schickt Gott mich vielleicht nach Afrika.* Sie fürchten sich vor dem, wozu Gott sie vielleicht beruft. Aber wenn Gott sie wirklich nach Afrika schicken wollte, würde es ihnen dort gefallen und sie hätten Spaß dabei!

Manche trauen sich nichts, weil sie keine Fehler machen wollen, und versagen dann trotzdem, einfach, weil sie gar nichts tun. Sie bewegen sich zu sehr auf der sicheren Seite. Ein gutes Beispiel hierfür findet sich in 2. Könige, Kapitel 7:

Es waren aber vier aussätzige Männer am Eingang des Tores, und einer sprach zum anderen: Weshalb bleiben wir hier, bis wir sterben? Wenn wir sprächen: Wir wollen in die Stadt gehen, wo doch Hungersnot in der Stadt herrscht, so müssten wir dort sterben; bleiben wir aber hier, so müssen wir auch sterben! So kommt nun, wir wollen zum Heer der Aramäer überlaufen! Lassen sie uns leben, so leben wir, töten sie uns, so sind wir tot! Und sie machten sich in der Dämmerung auf, um in das Lager der Aramäer zu gehen. Als sie nun an den Rand des Lagers der Aramäer kamen, siehe, da war kein Mensch da! Denn der Herr hatte das Heer der Aramäer ein Getöse von Streitwagen hören lassen, auch ein Getümmel von

Pferden und ein Geschrei einer großen Heeresmacht, sodass sie untereinander sprachen: Siehe, der König von Israel hat die Könige der Hetiter und die Könige der Ägypter gegen uns angeworben, damit sie uns überfallen sollen! Und sie machten sich auf und flohen in der Dämmerung und ließen ihre Zelte zurück und ihre Pferde und ihre Esel, das Lager, wie es stand, und flohen, um ihr Leben zu retten. Als nun jene Aussätzigen an den Rand des Lagers kamen, gingen sie in ein Zelt und aßen und tranken; und sie nahmen Silber, Gold und Kleider daraus mit und gingen hin und verbargen es. Und sie kamen wieder und gingen in ein anderes Zelt und plünderten es aus, gingen fort und verbargen es. Aber einer sprach zum anderen: Wir handeln nicht recht. Dieser Tag ist ein Tag guter Botschaft; wenn wir schweigen und warten, bis es heller Morgen wird, so wird uns Strafe treffen. So kommt nun, wir wollen gehen und es dem Haus des Königs melden!
— 2. Könige 7,3–9

Die Aramäer hatten das Volk Gottes umzingelt und die Belagerung dauerte bereits so lange an, dass man schon für viel Geld Tierkot verkaufte. Zwei Frauen töteten sogar das Kind der einen Frau und aßen es. Am nächsten Tag wollten sie das Kind der anderen töten und ebenfalls essen. Es herrschte eine solche Hungersnot. Die Bibel spricht von vier Aussätzigen, die zueinander sagten: »Weshalb bleiben wir hier, bis wir sterben?« Dies ist wohl eine der eindringlichsten Aussagen in der Bibel. Innerhalb der Stadtmauern aßen die Menschen ihre eigenen Kinder und Tierkot! Kannst du dir vorstellen, wie schlimm es für diese vier Ausgestoßenen außerhalb der Stadt gewesen sein muss?

Wenn sich jemand hätte fürchten sollen, irgendetwas zu tun, dann diese Aussätzigen. Gingen sie in die Stadt, würden sie verhungern, blieben sie vor der Stadtmauer, würden sie ebenfalls verhungern. Also trafen sie die riskante Entscheidung, zum Feind überzulaufen – wohl wissend, dass sie im schlimmsten Fall sterben würden. Mich begeistert ihre Einstellung! Diese vier Aussätzigen waren in einer scheinbar ausweglosen Situation und doch sagten sie sich: »Weshalb sollen wir hierbleiben, bis wir sterben?«

Wenn wir das von einem objektiven, logischen Standpunkt aus betrachten, war es das Beste, was sie tun konnten. Es war ihre einzige Überlebenschance. Sie mussten ein Risiko eingehen. Es war die einzig sinnvolle Entscheidung.

Als diese Aussätzigen zum Lager des Feindes gingen, ließ der Herr die Aramäer die Geräusche einer Armee hören. Sie dachten, die Israeliten hätten sich mit den Ägyptern verbündet, weswegen sie in Panik gerieten und flohen. Das Essen kochte noch auf den Feuerstellen und alles Gold, Silber, alle Kleidung, das Vieh – einfach alles – wurde zurückgelassen!

Als die Aussätzigen zum Lager der Aramäer kamen, war niemand da. Also betraten sie es, fanden Nahrung und begannen zu essen. Sie entdeckten auch das Gold und das Silber. Sofort verwandelte sich ihr Zustand: statt arm und vor Hunger sterbend waren sie plötzlich die reichsten Menschen in der ganzen Umgebung. Sie hatten mehr, als sie hätten tragen können. Schließlich sagten sie: »Was wir tun, ist nicht richtig. Wir müssen zurückgehen und den Menschen in Samaria sagen, was passiert ist.« Also gingen sie zur Stadt zurück und wurden Helden. All das war nur möglich, weil sie eine Gelegenheit ergriffen, die sie ihr Leben hätte kosten können. Sie gingen ein Risiko ein!

Als ich damals in einer Baptistengemeinde war, sangen wir immer ein Lied mit dem Text: »Wo auch immer er uns hinführt, dahin werden wir gehen.« Dann kamen die Missionare auf die Kanzel und sprachen von totaler Hingabe dem Herrn gegenüber, was in der Regel bedeutete, nach Afrika zu gehen und in einer Hütte zu leben. So entstand der Eindruck, dass Gott demjenigen, der ihm sein Leben vollkommen übergibt, etwas Schreckliches antun würde. Aber so ist Gott nicht. Er sendet durchaus Menschen nach Afrika, aber wenn er das tut, legt er ihnen zuvor den Wunsch danach ins Herz und dann wird es ihnen gefallen!

Ein durchschlagender Erfolg

Angst vor Versagen ist wirklich ein Problem! Wenn wir uns fürchten zu versagen, sind wir nicht bereit, ein Risiko einzugehen und das zu tun, was Gott uns aufgetragen hat. Gott hat gute Pläne für uns (Jer 29,11). Wir begrenzen Gott, wenn wir uns nicht trauen, einen Schritt zu wagen und etwas zu tun, nur weil wir denken, wir könnten versagen. Ich glaube, unser größter Fehler besteht darin, aus Angst vor Fehlern auf der sicheren Seite zu bleiben. Wir alle machen Fehler. Sie passieren unweigerlich, aber Gott wird deswegen nicht vom Thron fallen!

Als wir in das Gebäude umzogen, das unseren Dienst heute beherbergt, zogen wir aus Räumen mit 1400 Quadratmetern Fläche in ein Gebäude mit 10.000 Quadratmetern. Das war für uns ein gewaltiger Schritt, und wir konnten ihn gehen, ohne Schulden zu machen. Das war großartig! Als wir anfingen, dieses Gebäude zu bauen, wollten wir bis August fertig sein, damit das neue Schuljahr dort beginnen könnte. Doch leider wurde das Gebäude erst im November fertig.

Während des Einweihungsgottesdienstes fragte mich einer unserer Studenten, ob ich enttäuscht sei, dass wir nicht schon im August einziehen konnten. Ich antwortete: »Nein, ich bin nicht enttäuscht. Ich bin begeistert darüber, dass wir überhaupt so weit sind. In vierzehn Monaten haben wir 3,2 Millionen Dollar mehr eingenommen, als wir für unsere laufenden Kosten benötigen. Ich würde das als einen durchschlagenden Erfolg bezeichnen!«

Wir hatten den August als Termin im Visier, aber drei Monate Verspätung waren keine große Sache. In meinem Leben ist noch nie etwas perfekt abgelaufen, also hat es mich nicht gestört. Wenn wir auf die Sterne zielen und den Mond treffen, ist das immer noch besser als das, was die meisten Menschen erreichen.

Wenn du Angst hast, etwas zu unternehmen, weil du es vielleicht nicht auf perfekte Weise tun kannst, wirst du nie etwas auf die Beine stellen. Pack es an! Gott ist größer als deine Fehler.

Angst vor Versagen

Bevor Gott mir sagte, ich würde ihm Grenzen setzen, erreichten wir mit unserem Dienst bereits viele Menschen, die erforderlichen Finanzen kamen jeden Monat herein und alles schien problemlos zu laufen. Warum sollte ich das Boot in unruhige Gewässer steuern? Ich wollte nicht das Risiko eingehen, zu versagen. Doch die Angst vor dem Versagen wird dich schlimmer versagen lassen als alles andere. Es ist viel besser, Schritte zu wagen und Gott dabei zu vertrauen. Und falls du dann doch mal versagst, lässt du dich von Gott wieder aufrichten, dir von ihm den Staub abklopfen, und dann versuchst du es noch einmal. Der größte Fehler besteht darin, vor Angst so gelähmt zu sein, dass man überhaupt nichts tut.

Vielleicht führst du ein angenehmes Leben und hast einige Urkunden und Auszeichnungen an deiner Wand hängen, und doch hast du nie deine Bestimmung entdeckt, für die du geschaffen wurdest. Vielleicht bist du aus eigener Stärke und Kraft erfolgreich. Es gibt verlorene Menschen, bei denen es so ist, aber im Herzen empfinden sie keine Erfüllung. Sie erleben nicht die gleiche Freude wie diejenigen, die wissen, dass sie tun, wozu Gott sie berufen hat. Du wurdest mit einer Bestimmung erschaffen. Gott hat mehr für uns, als die meisten von uns erleben. Wir müssen unsere Versagensangst loswerden.

Es ist verrückt, für Veränderung im Leben zu beten und dann einfach weiter die gleichen Dinge zu tun. Denn wenn du immer das Gleiche tust, wie kannst du dann andere Resultate erwarten? Tu etwas anderes! Selbst wenn es falsch ist. Es ist besser, das Risiko einzugehen, etwas Neues zu probieren, als aus Angst beim Alten zu bleiben. Unternimm etwas! Auf diese Weise wirst du zumindest herausfinden, was dir nicht liegt, und kannst diesen Punkt für dich abhaken. Hab keine Angst. Die größten Versager sind diejenigen, die so sehr auf Nummer sicher gehen, dass sie nichts riskieren.

Du musst etwas wagen! Die Welt sucht nach Gott. Warum sucht sie oft am falschen Ort? Einer der Gründe könnte sein, dass die Menschen, die von neuem geboren sind, nicht in der Fülle dessen leben, wozu Gott sie berufen hat. Unser Leben sollte ein Zeugnis sein. Wären wir Feuer und Flamme für Gott, würde die Welt es sehen.

Wie wird man Angst los? Die vollkommene Liebe treibt die Angst aus (1Joh 4,18). Du musst verstehen, dass Gott dich mit einer bestimmten Absicht erschaffen hat. Wir fürchten uns so sehr davor, anders zu sein, dass wir uns nicht aus unserer Schublade herausbewegen wollen. Es ist besser, sich jetzt damit auseinanderzusetzen, als zu warten, bis man stirbt und sich vom Herrn dann fragen lassen muss: »Warum hast du nicht getan, was ich dir aufgetragen habe?« Du antwortest dann vielleicht: »Gott, ich habe viel Geld verdient. Ich war supererfolgreich. Ich war Elternsprecher in der Schule. Ich war im Stadtrat. Ich habe alles Mögliche getan.«

Er wird antworten: »Aber das ist nicht das, wozu ich dich berufen habe! Warum hast du nicht getan, wozu ich dich berufen habe?« All unsere Auszeichnungen und Errungenschaften werden verblassen, wenn Gott sagt: »Ich habe dich zu etwas berufen und du hast es nie getan. Du hast mir nie wirklich vertraut.«

Vielleicht haben wir uns nicht völlig dagegen gesträubt, aber aus Angst vor dem Versagen, aus Faulheit, aus Furcht vor Veränderung oder aus anderen Gründen haben wir uns nicht wirklich darauf eingelassen. Wenn wir eines Tages vor dem Herrn stehen und er uns zeigt, wozu er uns erschaffen hat, werden wir antworten: »Irgendwie wusste ich es in meinem Herzen. Das wäre mein Traum gewesen. Ich habe immer gedacht, dass es da mehr geben muss.«

Als wir mit unserem Dienst endlich an den Punkt kamen, wo wir nicht mehr um unser Überleben fürchten mussten, hätten wir dort stehen bleiben können. Gott hätte mich weiterhin geliebt. Aber wenn ich eines Tages vor dem Herrn stehen werde, würde er dann zu mir sagen: »Ich habe dich eigentlich zu viel mehr berufen, aber du hast mir Grenzen gesetzt.«

Als Gott zu mir darüber sprach, dass ich ihn nicht länger begrenzen solle, begannen wir zu expandieren und offensiv vorzugehen. Es war eine richtig riskante Sache. Würde Gott keinen Durchbruch bringen – wenn das womöglich gar nicht von Gott wäre –, dann kämen wir in ernsthafte Schwierigkeiten. Das machte mir Angst. Wir hatten gerade unser altes 1400 Quadratmeter großes Gebäude verlassen und waren in ein Gebäude mit 10.000 Quadratmetern umgezogen. Da konnte einem schon ein wenig bange werden!

Rückblickend sehen wir heute, dass sich das Gebäude mehr als bezahlt gemacht hat. Unsere Einnahmen sind proportional gewachsen, sodass wir vier- bis fünfmal so viel zusätzliches Geld haben wie zu der Zeit, als wir die Dinge in kleinerem Maßstab betrieben. Das liegt daran, dass wir uns dort befinden, wo Gott uns haben will. Die Segnungen sind heute viel größer und das, was wir tun, hat viel mehr Nutzen. Und so kann es auch für dich sein. Denn Gott will, dass du erfolgreich bist. Er will etwas Besonderes in deinem Leben tun.

Gottes Wille ist der sicherste Ort auf Erden

Einer der Gründe, warum Menschen Probleme in ihrer Ehe oder in anderen Bereichen ihres Lebens haben, besteht darin, dass sie nicht dem Plan folgen, den Gott für sie hat. Am Ende sind sie enttäuscht und entmutigt. Aber was kann es Besseres geben, als sich im Zentrum von Gottes Willen zu befinden?

Zwei Tage nach den Anschlägen vom 11. September rief mich einer unserer Partner an. Seine Tochter arbeitete im medizinischen Bereich und war mitten in den Vorbereitungen, nach Afghanistan zu reisen, um dort medizinische Hilfe zu leisten. Er hatte seine Tochter auf der anderen Leitung am Telefon und bat mich, sie davon zu überzeugen, ihre Reise abzusagen. Ich sprach mit ihr und fragte sie, ob sie das Gefühl habe, dass Gott sie in Afghanistan haben wolle. Sie antwortete: »Ich weiß ohne jeglichen Zweifel, dass dies ein Auftrag von Gott ist.«

Ich sagte zu ihrem Vater: »Da hilft wohl alles nichts. Ich denke, sie muss dorthin.«

Er antwortete: »Wie kannst du so etwas sagen. Sie bringt sich in Gefahr.« Ich sagte ihm: »Sich im Zentrum von Gottes Willen zu befinden, ist der sicherste Ort auf Erden.« Noch am gleichen Tag reiste die Tochter nach Afghanistan ab. Alles ging gut und Gott segnete sie.

Im Gegensatz dazu hatte eine unserer allerersten Bibelschülerinnen einen Ehemann, der ihr nicht erlaubte, auf eine Missionsreise zu gehen, weil er Angst hatte, sie fliegen zu lassen. Sie blieb entgegen ihren Wünschen zu Hause und beugte sich dem Willen ihres Mannes. Während wir auf der Missionsreise waren, war sie in der Heimat mit dem Auto unterwegs, als ihr ein junger Fahrer entgegenkam, der am Steuer eingeschlafen war. Er überfuhr die Mittellinie und stieß mit ihr zusammen. Sie kam bei diesem Autounfall ums Leben. Es wäre für sie sehr viel sicherer gewesen, wenn sie getan hätte, wozu Gott sie berufen hatte!

Welche Gründe du auch haben magst, dem Willen Gottes *nicht* zu folgen, es sind ganz gewiss keine guten Gründe. Denn wer sich im Zentrum von Gottes Willen befindet, der ist am sichersten, glücklichsten und segensreichsten Ort. Stell dir nur einmal vor: Gott, der Allmächtige, der Chef des ganzen Universums, der sich um Millionen von Menschen kümmert, die zu ihm beten und ihn um alles Mögliche bitten, dieser Gott nimmt sich die Zeit, zu dir persönlich zu sprechen und etwas in dein Herz zu legen. Dann mit ihm zu diskutieren, ob du tun wirst, was er sagt, oder ob nicht, übersteigt mein Fassungsvermögen. Wenn ich weiß, was Gott von mir will, werde ich es tun, selbst wenn es mich mein Leben kosten könnte. Ich bin entschieden, nichts anderes im Leben zu tun als das, was ich für den Willen Gottes halte. Und du solltest genauso handeln.

Wenn du das Gefühl hast, dass Gott dir etwas ins Herz gelegt hat, dann tu es! Vielleicht bist du noch nicht bereit, alles zu tun, was er dir gesagt hat, aber fang zumindest an, dich in diese Richtung zu bewegen. Wenn du dir noch nicht völlig im Klaren darüber bist, was Gott dir aufgetragen hat, dann setz dein Boot in Bewegung, selbst wenn es noch nicht mit voller Kraft fährt. Wenn dein Boot stillsteht, kannst du das Ruder bis zum Anschlag drehen, und trotzdem wird das keine Richtungsänderung bewirken. Dazu musst du in Bewegung sein. Du musst etwas tun. Du kannst sagen: »Gott, ich bin noch nicht vollkommen sicher, aber ich denke, das ist das Richtige. Ich werde mich in diese Richtung bewegen und bis ich ganz sicher bin, werde ich das Gewässer ausloten und schauen, was passiert.«

Wenn du in Bewegung kommst, wird Gott dir Richtungsweisung geben. Entscheide dich, etwas zu tun. Entscheide dich zumindest, den Willen Gottes für dein Leben zu entdecken. Ich habe ein Buch mit dem Titel *Gottes Willen finden, befolgen, erfüllen* geschrieben. Es wird dir eine große Hilfe sein, Gottes Plan für dein Leben herauszufinden. Du wirst seinen Willen nicht zufällig erfüllen. Du musst es bewusst tun.

Wenn du spürst, dass Gott zu dir geredet hat und du weißt, dass du seinen Willen für dein Leben herausfinden musst – oder vielleicht kennst du ihn schon und tust ihn aus irgendwelchen Gründen nicht –, und es Angst ist, die dich lähmt, dann solltest du Buße darüber tun und gemäß dem handeln, was Gott dir aufs Herz gelegt hat. Du musst dich entschließen, nicht eher zu ruhen, bis du herausgefunden hast, was Gott von dir will.

Um die Freude und den Frieden des Herrn zu erfahren, musst du Gottes Pläne entdecken und aktiv befolgen. Es gibt so etwas wie eine heilige Unzufriedenheit, die Gott in uns weckt, wenn wir vom Kurs abkommen – wenn wir merken, dass es da noch mehr geben muss. Ich erinnere mich, dass ich einmal in einem Gottesdienst auf diese Weise herausgefordert wurde. Anschließend lief ich die ganze Nacht durch die Sümpfe Louisianas und betete: »Gott, ich werde deinen Willen für mein Leben herausfinden. Ich werde tun, wozu du mich berufen hast.« Gott erhörte dieses Gebet und es hat mein Leben verändert. Für dich wird er das Gleiche tun!

Unsere Sicherheit ist in ihm

Eines Tages kontaktierte mich ein Freund und erzählte mir, dass er eine Bibelschule gründen wolle. Er hatte vier Seiten voller guter Fragen, die er mir stellen wollte. Eine der Fragen lautete: »Wenn du noch einmal von vorn beginnen könntest, was würdest du diesmal anders machen?« Ich dachte darüber nach und was soll ich sagen? Ich hätte nichts anders gemacht.

Unsere Bibelschule hat sich seit ihren Anfängen sehr verändert. Sie ist heute viel besser als früher, aber damals habe ich alles gegeben, was ich hatte. Ich hatte nicht besonders viele Ressourcen und konnte die Dinge deshalb nicht so handhaben, wie wir es heute tun. Ich hatte auch nicht die Belegschaft, die wir heute haben. Zu Beginn gab es viele Einschränkungen.

Hätte ich mir vorgenommen: »Ich werde diese Bibelschule perfekt aufziehen und es wird die beste Bibelschule aller Zeiten«, hätten wir gar nicht erst begonnen. Wir mussten mit dem beginnen, was wir hatten, und ja, wir machten auch Fehler. Und ja, wir haben einiges gelernt. Darum ist heute vieles besser als zu Anfang.

Manche Leute sind so perfektionistisch, dass sie aus lauter Angst vor Fehlern gar nichts tun. Das ist der größte Fehler überhaupt. Es ist wie bei einem Kind, das Radfahren lernt. Es fällt hin und schlägt sich das Knie auf. Aber weißt du was? Es steht wieder auf und versucht es noch einmal. Schließlich wird es lernen, wie man Fahrrad fährt.

Die Leute haben Angst vor Fehlern, was beweist, dass ihre Sicherheit nicht in Jesus gründet. Sie haben Angst, weil sie ihre Identität und ihren Selbstwert an ihren eigenen Taten festmachen. Aber so sollte es nicht sein. Wir müssen unsere Sicherheit und Identität in unserer Beziehung zu Gott finden. Wäre mein Dienst gescheitert und hätte ich wieder als Betongießer arbeiten müssen, um für meinen Lebensunterhalt zu sorgen, hätte ich gewusst, dass Gott mich noch immer liebt. Ich könnte auch ohne einen Dienst eine wunderbare Beziehung zu ihm haben. Meine Identität hängt nicht von meinem Dienst ab. Er definiert nicht, wer ich bin. Er ist nur ein Werkzeug, das Gott mir gegeben hat, während ich auf dieser Erde bin.

Mein Vorstand eröffnete mir damals: »Andrew, du bist pleite. Mach den Laden dicht. Wir müssen die Organisation auflösen!« Der Grund war, dass wir finanziell nicht über die Runden kamen. Als ich darüber nachdachte, war ich begeistert. Ich dachte mir: *Das wird gewaltig! Meine Beziehung zu Gott wird förmlich explodieren, wenn ich mich nicht um all diese dienstlichen Angelegenheiten kümmern muss. Es wäre großartig, einfach nur ein »Otto Normalchrist« zu sein, Jesus zu lieben und keine Verantwortung für den Dienst zu haben.* Ich wusste, das war nicht der Wille Gottes für mich, aber ich wäre zufrieden gewesen, den Dienst niederzulegen. Wir müssen unsere Identität und unsere Sicherheit im Herrn finden.

Steig aus dem Boot aus

Im Laufe der Jahre habe ich im Glauben an Gott auf die Erfüllung einer ganzen Reihe von Dingen vertraut. Dabei ist mir bewusst geworden, dass selbst dann, wenn etwas nicht zustande käme, Gott sich trotzdem über mich freuen würde, weil ich zumindest den Sprung gewagt hätte. Ich glaube, in so einem Fall würde er zu mir sagen: »Andrew, du bist gescheitert, aber ich bin stolz auf dich, weil du es wenigstens versucht hast.« Dann würde er mir zeigen, was ich falsch gemacht habe. Ich glaube, so schaut Gott auf die Dinge – und auf uns. Er war es, der ein finanzielles Wunder für den Dienst bewirken musste, denn ich hätte nicht für 65 Millionen Dollar sorgen können, selbst wenn ich drei Leben gehabt hätte! Aber zumindest habe ich Gott geglaubt.

Viele begrenzen Gott, weil sie aus Angst vor dem Risiko nicht tun, was Gott ihnen aufs Herz gelegt hat. Sie haben Angst, aus dem Boot zu steigen. Sie haben Angst etwas zu tun, das außerhalb der Norm liegt. Hast du Angst davor, deinen Job zu kündigen, umzuziehen und deine Familie und Freunde zurückzulassen, um auf eine Bibelschule zu gehen – oder zu tun, was immer sonst Gott dir aufgetragen hat?

Als ich meinen Dienst begann, ging ich in Pflegeheime und Gefängnisse, weil sie dort jeden predigen ließen! Das war wirklich gut für mich. An eine Pflegeheimbewohnerin erinnere ich mich besonders gut, weil sie immer so adrett war. Man konnte deutlich erkennen, dass diese Frau in jüngeren Jahren wohlhabend gewesen sein muss. Sie war immer perfekt zurechtgemacht – jedes Haar saß an seinem Platz und sie trug teure Kleidung. Wenn ich sie besuchte, weinte sie die ganze Zeit über und sprach davon, was für eine wichtige Persönlichkeit sie früher gewesen sei und dass Menschen gekommen seien, um ihren Rat zu hören. Sie hatte noch immer Freunde, aber manchmal kam monatelang niemand, um sie zu besuchen. Sie saß nur noch da und wartete auf ihren Tod. Ich erinne re mich, dass ich sie anschaute und dachte: *Gott, ich will nicht, dass mein Leben auch so aussieht.*

Wir alle werden alt. Aber wenn es so weit ist, wirst du dann herumsitzen und auf den Tod warten? Spielt deine Arbeit eine so große Rolle in deinem Leben, dass alles vorbei ist, wenn du in Rente gehst? Das wünsche ich mir nicht und du dir sicherlich auch nicht. Trotzdem wird dies aber das Schicksal vieler Leute sein, weil sie sich fürchten, aus dem Boot zu steigen. Sie haben Angst dem zu folgen, was Gott ihnen aufgetragen hat. Sie entscheiden sich für den einfachen Weg.

Mir haben Leute tatsächlich schon erzählt, Gott habe sie aufgefordert, auf unsere Bibelschule zu gehen. Doch leider hätten sie noch fünf Jahre bis zur Rente und würden Rentenansprüche verlieren, wenn sie früher ausschieden. Ich sagte ihnen, dass Gott ihnen weit mehr geben könne als ihre Rente. Als Gott sie rief, wusste er, dass es noch fünf Jahre bis zu ihrem Ruhestand waren. Dennoch hat er sie jetzt schon gerufen!

Aus Angst begrenzen sie Gott. Sie zählen mehr auf ihre Sozialversicherung als auf Gott. Wenn du Gott nicht über deine Sozialleistungen hinaus vertrauen kannst, bin ich nicht sicher, ob er dich braucht. Ich habe das Sozialversicherungssystem verlassen, als ich zwanzig Jahre alt war, und habe aus dieser Richtung keinen Cent zu erwarten. Und, ist das ein Problem? Gott hat für mich gesorgt. Alles, was Jamie und ich besitzen, ist bereits bezahlt. Wir sind nicht von einer Rentenversicherung abhängig. Gott ist größer als das! Du musst aus dem Boot steigen und Gott vertrauen. Ist es nicht aufregend, wenn du beim Aussteigen sagst: »Gott, wenn du nicht eingreifst, werde ich einen gewaltigen Platscher machen!«?

Es ist aufregend, Gott zu dienen

Ich habe in meinem Leben einen Punkt erreicht, dass es mich langweilt, wenn alles glatt läuft und ich keine Herausforderungen habe oder wenn Gott mir nicht etwas aufträgt, das meine eigenen Fähigkeiten übersteigt. Ich bin ein ziemlich unscheinbarer Typ, deswegen kann sich kaum jemand vorstellen, dass ich gern aufregende Dinge tue, nur um Spaß zu haben. Aber hat nicht jeder irgendwo ein Ventil, um Dampf abzulassen? Mein Ventil besteht darin, mit einem Allradfahrzeug über steile Bergpässe zu fahren, dicht vorbei an steilen Abgründen. Für mich ist das purer Spaß!

Einmal fuhr ich mit meinem Pick-up über eine Schlucht mit dem Namen *Teufelskrater.* Sie ist etwa dreißig bis sechzig Meter tief. Plötzlich biegt man rechts ab und fährt nur über zwei Stahlträger, die als Brücke über diese Schlucht dienen – natürlich ohne Geländer oder Leitplanken. Das war aufregend! Jamie schrie vor Schreck auf und hat mir seitdem nicht mehr erlaubt, dort langzufahren. Aber mir hat es Spaß gemacht!

Wenn dein Leben nicht zumindest ein bisschen aufregend ist, solltest du dann nicht ebenfalls sagen: »Gott, ich werde überallhin gehen und alles tun, was du von mir möchtest.« Dann folge ihm und ich garantiere dir: Gott wird dein Leben aufregend machen. Möglicherweise denkst du: *Aber wenn ich versage?* Ja, das passiert vielleicht. In Sprüche 24,6 heißt es, dass ein Gerechter sieben Mal wieder aufsteht. Du musst keine Angst davor haben, ein Risiko einzugehen und zu versagen. Setze Gott nicht länger Grenzen, mach einen Glaubensschritt und tu, wozu er dich berufen hat!

Denn die Augen des Herrn durchstreifen die ganze Erde, um sich mächtig zu erweisen an denen, deren Herz ungeteilt auf ihn gerichtet ist. — 2. Chronik 16,9

Ein ungeteiltes Herz zu haben (in der englischen *King-James*-Bibel steht: ein *vollkommenes* Herz) bedeutet nicht, sündlos zu sein. Gott spricht hier von Menschen, die ihm hingegeben sind und zu ihm sagen: »Gott, ich tu alles. Ich sage, was immer du möchtest. Ich gehe überallhin, wo du mich haben möchtest. Sag mir nur, was ich tun soll, und ich folge dir, so gut ich nur kann.« Gott sucht auf der ganzen Erde nach solchen Menschen. Bist du bereit, alles zu riskieren und ihm zu folgen? Deine Reaktion sollte sein: *Gott, such nicht weiter – hier bin ich.*

Vollkommen hingegeben

Dwight L. Moody nahm einmal an einem Gottesdienst in Chicago teil, wo er den Prediger sagen hörte: »Bisher hat die Welt noch nicht erlebt, was Gott durch einen Menschen bewirken kann, der ihm vollkommen hingegeben ist.« Dwight entschied sich und sagte: »Ich werde dieser Mensch sein«, obwohl er nur drei Jahre zur Schule gegangen war und kaum lesen konnte. Wenn Dwight predigte und beim Vorlesen einer bestimmten Bibelpassage zu einem Wort kam, das er nicht kannte, hielt er inne und predigte erst einmal über das Gelesene. Dann fuhr er fort zu lesen, indem er dieses Wort übersprang, sodass die Zuhörer nicht mitbekamen, dass er kaum lesen konnte.

Dwight L. Moody wurde von drei Gemeinden abgewiesen. Er versuchte sich ihnen anzuschließen, aber in ihren Augen war er als Christ nicht gut genug, um ein Mitglied zu werden. Obwohl diese Gemeinden ihn nicht einmal als Mitglied wollten, predigte er zu Versammlungen von bis zu 150.000 Menschen, lange bevor es Mikrofone und Lautsprecher gab. Er sprach zu Königen und hinterließ auf jedem Kontinent dieser Erde einen tiefen Eindruck. Er war der Billy Graham seiner Zeit. Er erlebte Wunder über Wunder und erstaunliche Dinge geschahen durch seinen Dienst.

Vielleicht trägst du Dinge in deinem Herzen, die dein Leben verändern würden, wenn du sie einfach verwirklichen würdest. Doch aus Angst schränkst du dich selbst und auch Gott ein, weil du fürchtest, du könntest dann vielleicht weniger Erfolg haben als jetzt. Du fürchtest die Kritik der Leute oder negative Konsequenzen.

Ich glaube, bevor ich sterbe, werde ich alles erfüllen, was Gott in mich hineingelegt hat. Ich kann wahrhaftig sagen, dass ich gegenwärtig dabei bin, alles zu tun, was Gott mir aufs Herz gelegt hat, und ich weiß, dass er mir noch mehr anvertrauen wird, wenn ich weiter in diesen Dingen wachse. Ich bin noch nicht angekommen, aber ich habe mich auf den Weg gemacht. Ich bewege mich in die richtige Richtung.

Du hast Potential

Ein christlicher Motivationsredner hat einmal gesagt: *Wenn du einen Ort mit dem größtmöglichen Potential besuchen willst, dann geh auf einen Friedhof.* Die überwiegende Mehrheit der Menschen nimmt ihr Potential mit ins Grab. Sie sterben, ohne ihre Möglichkeiten voll ausgeschöpft zu haben. Hunderte von Menschen, die ihre Träume und Ziele in sich getragen und auf die lange Bank geschoben haben. Sie ließen zu, dass das Leben ihnen Grenzen setzte, und haben so auch Gott begrenzt.

Wenn ich lehre, frage ich manchmal: »Schöpfst du dein Potential aus? Tust du, was Gott dir aufs Herz gelegt hat?« Wenn ich dann einen Aufruf mache, stehen achtzig bis neunzig Prozent der Zuhörer auf und geben zu, dass sie nicht mit Sicherheit wissen, ob sie tun, wozu Gott sie berufen hat.

Wie kann man überhaupt so leben? Ich habe zum letzten Mal vor ungefähr 45 Jahren mein eigenes Ding gemacht. Seitdem bin ich der Führung Gottes so gut gefolgt, wie ich nur konnte. Ich habe nicht alles perfekt gemacht, aber ich war immer bestrebt, Gott zu folgen. Eine Erfahrung, die ich niemals missen wollte!

Ich kann mich nicht einmal in Menschen hineinversetzen, die sich ihr Leben von den Umständen diktieren lassen. Sie nehmen einfach irgendeine Arbeit an, weil sie Geld zum Leben brauchen. Sie haben kein Ziel. Sie wissen nicht, wofür Gott sie erschaffen hat. Sie tun nicht das, wozu Gott sie ausgerüstet hat. Sie schöpfen ihr

Potential nicht aus. Das ist kein Leben. Das ist nicht, was Leben bedeutet. Das ist einfach nur eine Form des Überlebens.

Gott möchte, dass wir ganz praktisch vorgehen. Natürlich müssen wir uns um uns und unsere Familie kümmern, aber gleichzeitig sollten wir auch anfangen zu träumen und Gott im Glauben vertrauen, dass diese Träume in unserem Herzen auch zustande kommen. Wir sollten beten: »Vater, zeig mir, wie mein Leben etwas bewirken kann.«

Wenn ich sterbe, wünsche ich mir, dass mich Leute vermissen und sagen: »Es war besser, als Andrew noch da war«, statt dass sie sagen: »Gott sei Dank, endlich sind wir ihn los!« Unser Leben sollte andere berühren und etwas bewirken. Und doch leben die meisten von uns ein »normales« Leben, ohne ihr Potential auszuschöpfen, weil sie Angst vor Risiken haben.

Angst vor Veränderung

Eine weitere Furcht, die Menschen behindert, ist die Angst vor Veränderung. Viele von uns fürchten sich, etwas anders zu machen. Widerstand gegen Veränderung ist in unserer Gesellschaft sehr ausgeprägt. Wir sind hier in Amerika nicht so sehr in unseren Traditionen verwurzelt wie manch andere Kulturen, dennoch spielen auch hier Traditionen eine große Rolle. Versuch einmal eine Gemeinde zu leiten oder frag einen Pastor. Ich garantiere, er wird dir sagen, dass es fast unmöglich ist, Menschen zu Veränderung zu bewegen.

Einer der Gründe für diesen Widerstand gegen Veränderung ist Faulheit. Veränderungen erfordern Anstrengung. Ich habe ein Buch mit dem Titel *Verändert werden ohne Mühe* geschrieben. Es handelt davon, wie wir uns ohne große Anstrengung verändern lassen können, doch dabei gibt es durchaus eine »Mühe«. Die Mühe besteht darin, uns mit dem Wort Gottes zu beschäftigen und unser Wesen umgestalten zu lassen, denn wir werden so sein, wie wir denken (Spr 23,7).

Die meisten von uns sitzen am liebsten auf der Couch, sehen fern und wollen sich von einer spannenden Unterhaltung ganz in den Bann ziehen lassen. Wenn wir davon sprechen, dass jemand wie gebannt ist, meinen wir damit, dass er sich einer Sache vollkommen hingegeben hat und nun von ihr kontrolliert wird. So ist das, wenn wir fernsehen. Wir schalten ein, setzen uns hin und vergessen alles um uns herum. Wir gelangen unter die Kontrolle des Fernsehers.

Ist dir schon einmal aufgefallen, dass man vor lauter Bequemlichkeit an einen Punkt kommen kann, an dem man keinerlei Antrieb mehr hat? Das sieht man bei vielen älteren Menschen, nachdem ihre Kinder aus dem Haus sind oder sie ihr ganzes Leben lang gearbeitet haben und sich nun zur Ruhe setzen wollen. Dann wollen sie nur noch die Gemeinschaft mit ihren Enkelkindern genießen, reisen und Spaß haben. Es ist nichts falsch daran, die Früchte seiner Arbeit genießen zu wollen, aber ich garantiere dir: Sobald Menschen sich zur Ruhe setzen und anfangen, nichts zu tun, geht es mit ihrer Gesundheit bergab.

Gott hat uns nicht dazu erschaffen, herumzusitzen und uns durchs Leben treiben zu lassen. Wir leben länger, sind glücklicher und produktiver und alles funktioniert besser, wenn wir eine Aufgabe haben. Die produktivsten Menschen, die wir in der Bibelschule haben, sind Rentner. Sie kommen, um das Wort Gottes zu lernen. Sie stehen nun nicht mehr unter dem Druck eines Arbeitslebens. Zu uns kommen Rentner aus aller Welt, die ihr Leben riskieren, indem sie in Länder der Dritten Welt gehen, wo sie mit Krankheit und der Not anderer Kulturen konfrontiert werden – und sie machen das gerne!

Gib nicht auf!

Jamie und ich sind seit über 50 Jahren im Dienst. Wir haben viele schwere Zeiten erlebt. Einmal unterhielt ich mich mit anderen Predigern darüber, welche Schwierigkeiten wir so durchgemacht haben. Ich erzählte von der finanziellen Not, die Jamie und ich erlebt hatten, wie zum Beispiel, dass wir zwei Wochen lang nichts zu essen hatten, während Jamie im achten Monat schwanger war. Sie sagten zu mir: »Mein Gott, was du Jamie angetan hast, ist schlimmer als alles, was wir unseren Frauen zugemutet haben.« Dabei hatten einige von diesen Männern Ehebruch begangen, gelogen, gestohlen oder waren sogar im Gefängnis gewesen. Dennoch meinten sie, Jamie habe Schlimmeres erlebt!

Ich habe viele schwere Zeiten mitgemacht. Ich glaube, Jamie ist die einzige Frau auf diesem Planeten, die mich in all diesen Zeiten nicht verlassen hätte. Der Radiomoderator Paul Harvey merkte sogar in einer seiner Sendungen an, dass eine bestimmte Notlage, von der ich ihm aus unserem Leben erzählt hatte, mit das Schlimmste sei, was er je gehört hatte.

Am 26. Juli 1999 sprach der Herr in einem Traum zu mir. Er sagte mir, dass ich jetzt erst mit meinem eigentlichen Dienst beginnen würde. Zu diesem Zeitpunkt war ich bereits 31 Jahre im Dienst! Wäre etwas Unerwartetes passiert und ich wäre vorher gestorben, hätte ich das Eigentliche verpasst. Das war ermutigend und entmutigend zugleich. Entmutigend deshalb, weil es 31 Jahre gedauert hat, bis ich all das gelernt hatte, was ich brauchte, um den Dienst zu tun, zu dem Gott mich berufen hat. Andererseits war es ermutigend, weil wir in diesen 31 Jahren schon einige großartige Dinge erlebt hatten. Wenn ich also wirklich erst jetzt mit meinem Dienst beginnen sollte, konnte es ja nur besser werden!

Als wir am 3. Januar 2000 mit unserem Fernsehprogramm begannen, kamen wir an einen Punkt, ab dem die Dinge nahezu mühelos liefen. Vorher war es ein Kampf gewesen. Es sah ständig so aus, als stünden wir am Rande einer Katastrophe und könnten jeden Moment bankrottgehen. Und dann fing plötzlich alles an zu funktionieren. Da war eine Salbung, die es vorher nicht gegeben hatte. Menschen begannen auf unsere Botschaft und unseren Dienst aufmerksam zu werden.

In den folgenden zwei Jahren verdoppelten sich unsere Einnahmen. Endlich sahen wir Licht am Ende des Tunnels, und dieses kam nicht von einem entgegenkommenden Zug! Wir hatten es geschafft. Wir erlebten, wie sich das Leben von Menschen veränderte. Die Lektion daraus ist, dass wir trotz aller Schwierigkeiten in den Jahren davor nicht faul geworden sind und nicht aufgegeben haben. Hätten wir das getan, hätten wir begrenzt, was Gott in unserem Leben tun wollte.

Wir sollten nicht als altes Eisen vor uns hin rosten, sondern uns im täglichen Gebrauch abnutzen lassen; wir sollten Gott dienen, bis unsere Flamme erloschen ist. Ausruhen können wir uns dann in der Ewigkeit. Menschen wollen keine Veränderung, weil sie es sich in ihrem Nest bequem gemacht haben. Sie begrenzen Gott, weil sie es so gemütlich haben. Sie sind faul. Sie sind bequem. Das ist kein guter Zustand. Ich selbst möchte niemals an diesen Punkt kommen, dass ich mich einfach durchs Leben treiben lasse. Momentan sind es größere Dinge als je zuvor, die wir für unseren Dienst von Gott im Glauben erwarten. Ich werde nie aufhören zu träumen! Bis ich zum Herrn gehe, werde ich immer mit irgendetwas beschäftigt sein. Ich bin so dankbar für eine Bestimmung, die mich bis zum letzten Atemzug in Bewegung hält. Was ich tue, hat kein festgelegtes Ende. Ich glaube, dass ich diese Erde predigend verlassen werde!

Behagen und Zufriedenheit

Gott beruft uns zu Dingen, die unsere eigenen Möglichkeiten übersteigen. Mich berief er zum Predigen, obwohl ich doch so introvertiert war, dass ich Menschen nicht einmal in die Augen schauen konnte, wenn ich mit ihnen sprach. Heute spreche ich zu Millionen von Menschen. Gott möchte, dass wir Dinge tun, die wir selbst gar nicht tun können. Das macht uns von ihm abhängig. Wenn wir nur das tun, was uns möglich ist, hat das mit Gott nicht viel zu tun. Gott beruft uns zu etwas Besonderem und das wird auch immer mit einem gewissen Risiko verbunden sein.

Die vollkommene Liebe Gottes treibt alle Furcht aus. Wüsstest du die Pläne, die Gott für dich und dein Leben hat, würde dir klar werden, dass es mehr gibt als das, was du gerade tust. Dein Leben wäre erfüllender und befriedigender. Es bringt viel Behagen und Zufriedenheit mit sich, wenn du weißt, dass du tust, wozu Gott dich berufen hat. Aber diese Zufriedenheit kannst du nicht erleben, wenn du nur dein eigenes Ding machst oder dich von den Umständen treiben lässt.

Du musst diese Versagensangst loswerden und erkennen, dass du genau dann versagst, wenn du dich nicht ausstreckst und mit aller Kraft den Willen Gottes für dein Leben suchst.

Ich ermahne euch nun, ihr Brüder, angesichts der Barmherzigkeit Gottes, dass ihr eure Leiber darbringt als ein lebendiges, heiliges, Gott wohlgefälliges Opfer: das sei euer vernünftiger Gottesdienst! Und passt euch nicht diesem Weltlauf an, sondern lasst euch [in eurem Wesen] verwandeln durch die Erneuerung eures Sinnes, damit ihr prüfen könnt, was der gute und wohlgefällige und vollkommene Wille Gottes ist. — Römer 12,1–2

Das gilt nicht nur für Vollzeitprediger. Das gilt für jeden »Otto Normalchristen« – für jeden von uns. Das ist unsere normale Pflicht als Christen. Jesus starb für uns, damit wir für ihn leben. Wir sollten uns ihm ohne Vorbehalte hingeben. Wenn der Herr dich bittet, etwas zu tun, muss deine Antwort lauten: »Gott, ich gehe überall hin. Ich tue alles. Was immer ich tun soll, werde ich tun.«

Wenn du noch nicht an diesem Punkt stehst, begrenzt du Gott aus Angst vor dem, worum er dich bitten könnte oder was es dich kosten mag. Gott ist der größte Geber, den es je gegeben hat. Gott wird nie zulassen, dass du ihm mehr gibst, als er dir zurückgibt. Wenn Gott sieht, dass du etwas aufgibst und Risiken eingehst, um ihm nachzufolgen, wird er dich immer über das hinaus segnen, was du für ihn getan hast. Hör auf, Gott zu begrenzen, und erlebe, wie seine Segnungen dich einholen werden!

KAPITEL 4

Menschenfurcht

Als Gott im Jahr 2002 zu mir darüber sprach, dass ich ihn begrenzte, erkannte ich, dass ich es aus Angst heraus tat. Es gibt viele verschiedene Arten von Angst, die uns behindern und Gott Grenzen setzen können. Angst aktiviert Satan und setzt seine Kräfte frei, ebenso wie Glaube Gott aktiviert und Gottes Kräfte freisetzt. Angst lähmt. Sie ist nicht gut. Und doch leben viele Menschen in Angst.

Eine Furcht, die das Wirken Gottes in unserem Leben begrenzt, ist Menschenfurcht, oder anders ausgedrückt: Angst vor Verfolgung. Das war nämlich einer der Gründe dafür, dass ich Gott in meinem Leben begrenzte: Ich hatte Angst vor Verfolgung.

Wenn du jedes Mal gebissen wirst, wenn du einen Hund streichelst, wirst du wahrscheinlich keinen Hund mehr streicheln wollen. Niemand wird gern gebissen. Niemand wird gern verfolgt. Wenn du es genießt, dass Menschen dich hassen, wütend auf dich sind oder schlechte Dinge über dich sagen, stimmt etwas nicht mit dir. Gott hat uns dazu geschaffen, gute Beziehungen und Gemeinschaft miteinander zu haben.

Hass, Streit und Verfolgung sind nicht normal. Wenn jemand sich rühmt, dass andere sich ständig an ihm reiben, stimmt mit diesem Menschen etwas nicht. Für uns ist es weder normal noch natürlich, Hass und Kritik anderer zu mögen. Ich mag es nicht, wenn Leute wütend auf mich sind, aber ich bin inzwischen so weit, dass ich diese Dinge überwinden kann und sie mich nicht mehr davon abhalten, zu tun, wozu Gott mich berufen hat. Ich werfe alle meine Sorgen einfach auf den Herrn (1Petr 5,7).

Unterhalb des Radars fliegen

Als der Herr mir sagte, dass ich ihn begrenze, deckten wir mit unserer Fernsehsendung ungefähr fünf Prozent des amerikanischen Marktes ab. Wir erreichten Zuschauer und gute Dinge passierten, aber wir flogen unter dem Radar. Niemand nahm mich ins Visier, weil ich keine große Bedrohung war. Ich genoss meine Anonymität und die Tatsache, dass mich niemand kritisierte.

Ich wusste eines: Wenn ich das erfüllte, wozu Gott mich berufen hatte und ein bekannter Prediger sein würde – jemand, der wirklich einen Einfluss im christlichen Bereich hat –, würde ich Verfolgung erleben. Das war nicht unbedingt das, was ich wollte, weshalb ich lieber im seichten Wasser paddelte, statt weiter hinauszuschwimmen und zu erreichen, wozu Gott mich berufen hatte.

Wenn du deiner Berufung zu folgen beginnst, trägst du eine riesige Zielscheibe auf dem Rücken. Größerer Einfluss geht mit mehr Kritik einher. Wer in eine Leitungsposition befördert wird, der wird ganz genau unter die Lupe genommen. Die Leute schauen sich diese Person unter dem Vergrößerungsglas an, um alles an ihr zu analysieren und zu kritisieren. Deswegen halten sich die meisten auch lieber im Hintergrund. Sie wollen sich der Kritik und Verfolgung nicht aussetzen, die damit einhergeht, wenn man der Berufung Gottes folgt. Aber diese Angst vor Verfolgung begrenzt, was Gott im Leben dieser Menschen tun kann.

Menschenfurcht ist eine Falle

Ich sage unseren Bibelschülern immer: »Wenn ihr gekommen seid, um Fehler bei uns zu finden, seid ihr hier genau richtig. Wir sind Menschen. Wir sind nicht perfekt.« Wer uns unter die Lupe nimmt, wird Anlass zur Kritik finden. Für die meisten Leute ist das der einfachste Weg, um selbst gut dazustehen. Sie machen andere runter und kritisieren sie. Das ist menschlich.

> *Menschenfurcht ist ein Fallstrick; wer aber auf den Herrn vertraut, der ist geborgen. — Sprüche 29,25*

Die allermeisten Christen fühlen sich so unsicher, dass sie panische Angst davor haben, kritisiert zu werden. Beispielsweise lehren viele Prediger nicht die ganze Wahrheit aus dem Wort Gottes, weil das nicht *politisch korrekt* wäre. Wenn wir so unsicher sind, dass wir mit der Kritik anderer nicht umgehen können, werden wir nie die Fülle Gottes erleben. Wir begrenzen Gottes Pläne für uns.

Aber auch diejenigen, die keine Prediger sind, können Gott in einer Weise begrenzen, die nach außen hin kaum sichtbar wird. Wenn zum Beispiel unsere Kollegen über etwas sprechen, das unseren sämtlichen Glaubensüberzeugungen widerspricht, sind die meisten von uns wahrscheinlich nicht bereit, den Mund aufzumachen, weil sie sich vor Kritik und Verfolgung fürchten. Sicherlich würde es nicht zu körperlicher Gewalt kommen, aber man würde dieser Person herabwürdigende Blicke zuwerfen, man würde sie ausschließen und vielleicht sogar ganz meiden. Das allein ist schon Grund genug, dass die meisten Christen die Wahrheit lieber verschweigen – weil sie nicht politisch korrekt ist. Das ist Menschenfurcht und setzt Gott Grenzen.

Tritt für die Wahrheit ein

Und Elia, der Tisbiter, von den Einwohnern Gileads, sprach zu Ahab: So wahr der Herr lebt, der Gott Israels, vor dessen Angesicht ich stehe, es soll in diesen Jahren weder Tau noch Regen fallen, es sei denn, dass ich es sage! — 1. Könige 17,1

Elia stand vor einem König, der alle Propheten Gottes tötete. Er ging direkt zu ihm hin und sagte: »So spricht der Herr.« Elia stellte sich auf Gottes Seite, wohl wissend, dass er als ein Diener Gottes getötet werden könnte. Dennoch trat er kühn vor all die Menschen hin und sagte: »So wahr der Herr lebt, es soll in diesen Jahren weder Tau noch Regen fallen, es sei denn, dass ich es sage.« Weil Elia mutig genug war, die Wahrheit zu sagen, wurde er innerhalb von drei Jahren zum wichtigsten Mann des ganzen Landes. Der König empfing Anweisungen von Elia, weil dieser für die Wahrheit eintrat.

Du sollst deinen Bruder nicht hassen in deinem Herzen; sondern du sollst deinen Nächsten ernstlich zurechtweisen, dass du nicht seinetwegen Schuld tragen musst!
— 3. Mose 19,17

Die meisten Leute erheben lieber nicht ihre Stimme, wenn es um moralische Angelegenheiten geht, wenn beispielsweise andere eine »wilde Ehe« völlig in Ordnung finden und sich wie streunende Hunde und Katzen benehmen. Wir sollten den Mund aufmachen und sagen: »Weißt du nicht, wie zerstörerisch das ist? Wir sollten uns verbindlich füreinander entscheiden. Warum sollte ich mit jemandem zusammenleben wollen, der sich nicht fest für mich entschieden hat?« Warum bevorzugen Leute eine wilde Ehe, anstatt tatsächlich zu heiraten? Weil sie ohne weitere Verpflichtungen beim ersten Anzeichen von Problemen wieder aus der Sache rauskommen.

Wir begrenzen das, was Gott tun kann, wenn wir die Wahrheit zwar kennen, aber nicht für sie eintreten, aus Angst vor dem, was andere sagen könnten. Dafür gibt es in unserem Land und in vielen anderen Ländern der westlichen Welt keine Entschuldigung. Es gibt Länder, in denen viele Menschen ihr Leben verloren haben, nur weil sie für die Wahrheit aufgestanden sind. Aber in unserem Land fühlen wir uns schon verfolgt, wenn uns nur jemand schief ansieht. Wir sind süchtig nach jedermanns Anerkennung. Wir empfangen unser Selbstwertgefühl von anderen, deswegen sind wir so abhängig von Menschen. Wir brauchen die Bestätigung von unserem Ehepartner, unseren Kollegen, unseren Kindern und allen, mit denen wir verwandt und verschwägert sind. Ich sage damit nicht, dass wir die Ablehnung anderer genießen sollten, aber wir sollten an einen Punkt gelangen, an dem es für uns ausreicht, wenn Gott uns liebt – und das tut er ja! Doch wenn wir voller Menschenfurcht sind und uns durch Kritik und Ablehnung von dem abhalten lassen, wozu Gott uns berufen hat, setzen wir ihm damit Grenzen.

Gott ist genug

Ich habe einen skandinavischen Freund, der nach Afrika gegangen ist und einige Gemeinden dort gegründet hat. Er hatte wirklich zu kämpfen und es sah so aus, als würde nichts funktionieren. Eines Tages war er alleine im Urwald und beklagte sich heftig darüber, dass ihn niemand liebte und die Menschen ihn nicht akzeptierten. Plötzlich sprach der Herr mit einer so lauten Stimme zu ihm, dass der Boden bebte. Er konnte sogar sehen, wie die Bäume schwankten, als Gott fragte: »Walter, bin ich denn nicht genug?«

Unnötig zu sagen, dass Walter Buße tat und sagte: »Gott, du bist genug.« Als er erkannte, wie er Gott mit seiner Menschenfurcht begrenzt hatte, hörte er auf zu klagen und gründete stattdessen über 500 Gemeinden in Afrika! Wir alle müssen aufhören, Gott zu begrenzen, und dahin kommen, dass Gott allein genügt. Es ist erstaunlich, wie unsicher wir werden, wenn wir keine lebendige Beziehung zu Gott haben. Dann brauchen wir die Bestätigung von allen anderen. Der einzige Mensch, der uns enttäuschen und fallen lassen kann, ist der, auf den wir uns stützen. Wenn wir uns einzig und allein auf Jesus stützen, kann uns niemand fallen lassen.

Wenn der Herr uns aufträgt, nach Afrika oder sonst wohin zu gehen, und wir innehalten und darüber nachdenken, was unsere Angehörigen oder andere Leute wohl davon halten werden, tun wir das aufgrund von Menschenfurcht. Ich sage nicht, dass uns die anderen egal sein sollten oder wir sie mit dem, was Gott zu uns gesprochen hat, provozieren sollten. Doch wenn wir auf der Meinung anderer basierend entscheiden, ob wir den Willen Gottes tun, ist das Menschenfurcht.

Als Prediger musste ich mich intensiv mit dieser Frage auseinandersetzen. Ich mag es nicht, wenn Menschen mich hassen oder mir ins Gesicht spucken. Wem gefällt das schon? Wirklich geholfen hat es mir, als der Herr mich einmal aufforderte, einer bestimmten Person eine Sache zu sagen, die sie, wie ich wusste, nicht gern hören würde. Weil mir bewusst war, dass es diesem Menschen nicht gefallen würde, rang ich innerlich mit mir, ob ich das Thema wirklich anschneiden sollte. Schließlich sprach der Herr zu mir und sagte, ich hätte nicht das Recht, dieser Person die Wahrheit vorzuenthalten; wir müssen andere Menschen selbst darüber entscheiden lassen, ob sie sein Wort ablehnen. Das veränderte mein

Denken, denn ich erkannte: Wenn wir den Menschen die Wahrheit vorenthalten, weil wir ihre Reaktion fürchten, lehnen wir die Wahrheit automatisch für sie ab.

Keine Einschränkungen

Manche fürchten sich so sehr vor Kritik oder Ablehnung, dass sie davon regelrecht gelähmt und nicht mehr fähig sind zu tun, wozu Gott sie berufen hat. In einer meiner Versammlungen waren es Hunderte, die ihre Hand hoben, als ich fragte, ob sie auf die Bibelschule gehen würden, wenn es keinerlei Hindernisse gäbe. Was hält die Leute davon ab? Manchmal sind es Gedanken wie: *Was würde meine Familie dazu sagen? Was würde dieser oder jener sagen? Die Leute werden mich für verrückt halten.* All das ist Menschenfurcht und behindert Gott.

> *Menschenfurcht ist ein Fallstrick; wer aber auf den Herrn vertraut, der ist geborgen. — Sprüche 29,25*

Doch manche, die unsere Bibelschule besuchen, haben sich von solchen Hemmnissen nicht aufhalten lassen. Einer Frau aus Utah wurde von ihrem Mann angedroht, er werde sich scheiden lassen, wenn sie das Flugzeug nach Colorado besteige und unsere Bibelschule besuche. Ihre Ehe steckte bereits in einer Krise, also kam sie – und ihr Mann ließ sich scheiden. Durch solche Situationen würden sich viele lähmen lassen und dem Auftrag Gottes nicht gehorchen.

Wir müssen an den Punkt kommen, an dem uns niemand mehr davon abbringen kann zu tun, was Gott uns sagt. Menschenfurcht bewirkt Unfreiheit in unserem Leben, also müssen wir sie überwinden! Wir dürfen die Meinung anderer nicht höher achten als Gottes Meinung.

Das Volk Israel setzte Gott Grenzen

Und sie gingen hinauf an der Südseite und kamen bis nach Hebron; dort waren Achiman, Scheschai und Talmai, Söhne Enaks. Hebron aber war sieben Jahre vor Zoan in Ägypten erbaut worden. Und sie kamen bis in das Tal Eschkol und schnitten dort eine Weinrebe ab mit einer Weintraube und ließen sie zu zweit an einer Stange tragen, dazu auch Granatäpfel und Feigen. Jenen Ort nannte man das Tal Eschkol wegen der Weintraube, welche die Kinder Israels dort abgeschnitten haben. Und nachdem sie das Land 40 Tage lang ausgekundschaftet hatten, kehrten sie zurück. Und sie gingen und kamen zu Mose und Aaron und zu der ganzen Gemeinde der Kinder Israels, in die Wüste Paran, nach Kadesch; und sie brachten ihnen und der ganzen Gemeinde Bericht und ließen sie die Früchte des Landes sehen. Und sie erzählten ihm und sprachen: Wir sind in das Land gekommen, in das du uns sandtest, und es fließt wirklich Milch und Honig darin, und dies ist seine Frucht. Aber das Volk, das im Land wohnt, ist stark, und die Städte sind sehr fest und groß. Und wir sahen auch Söhne Enaks dort. Die Amalekiter wohnen im Land des Negev; die Hetiter, Jebusiter und Amoriter aber wohnen im Bergland, und die Kanaaniter am Meer und entlang des Jordan. Kaleb aber beschwichtigte das Volk gegenüber Mose und sprach: Lasst uns doch hinaufziehen und [das Land] einnehmen, denn wir werden es gewiss bezwingen! Aber die Männer, die mit ihm hinaufgezogen waren, sprachen: Wir können nicht hinaufziehen gegen das Volk, denn es ist stärker als wir! Und sie brachten das Land, das sie erkundet hatten, in Verruf bei den Kindern Israels und sprachen: Das Land, das wir durchzogen haben, um es auszukundschaften, ist ein Land, das seine Einwohner frisst, und alles Volk, das wir darin sahen, sind Leute von hohem Wuchs. Wir sahen dort auch Riesen, Söhne Enaks aus dem Riesengeschlecht, und wir waren in unseren Augen wie Heuschrecken, und ebenso waren wir auch in ihren Augen! — 4. Mose 13,22–33

Gott wollte, dass das Volk Israel in das Gelobte Land zieht – ein fruchtbares Land, in dem Milch und Honig flossen. Es war dermaßen üppig, dass eine Weintraube, die sie von dort mitbrachten, auf einer Stange von zwei Männern getragen werden musste, weil sie so groß war. Kannst du dir eine solch große Traube vorstellen? Das waren andere Trauben, als wir sie heute kennen. Sie waren riesig! So gesegnet war dieses Land!

Aber die Israeliten richteten ihre Aufmerksamkeit auf das Falsche. Sie schauten auf die Größe der Einwohner statt auf das Land, das Gott ihnen zum Besitz gegeben hatte. Sie betrachteten die Einwohner als Riesen und sich selbst als Heuschrecken. Dabei spielt es gar keine Rolle, wie Menschen uns sehen; wichtig ist, wie Gott uns sieht. Und wir selbst müssen uns so sehen, wie Gott uns sieht!

Gottes Willen verzögern

Vierzig Jahre später sandte Josua Spione nach Jericho. Die Prostituierte Rahab versteckte die Spione vor dem König. Dann bat sie diese um Gnade für sich selbst und ihre Familie, wenn die Israeliten Jericho erobern würden.

Ehe aber die Männer sich schlafen legten, stieg sie zu ihnen auf das Dach hinauf und sprach zu ihnen: Ich weiß, dass der Herr euch das Land gegeben hat; denn es hat uns Furcht vor euch überfallen, und alle Einwohner des Landes sind vor euch verzagt. Denn wir haben gehört, wie der Herr das Wasser des Schilfmeeres vor euch ausgetrocknet hat, als ihr aus Ägypten gezogen seid, und was ihr den beiden Königen der Amoriter, Sihon und Og, jenseits des Jordan, getan habt, an denen ihr den Bann vollstreckt habt. Und als wir dies hörten, da wurde unser Herz verzagt, und es ist kein rechter Mut mehr in irgendjemand vor euch; denn der Herr, euer Gott, ist Gott oben im Himmel und unten auf Erden! Und nun schwört mir doch bei dem Herrn, dass, so wie ich an euch Güte erwiesen habe, auch ihr am Haus meines Vaters Güte erweisen werdet; und gebt mir ein sicheres Zeichen, dass ihr meinen Vater, meine Mutter, meine Brüder und meine Schwestern samt allen ihren Angehörigen am Leben lassen und unsere Seelen vom Tod erretten werdet! Und die Männer sprachen zu ihr: Wir bürgen mit unserem Leben für das eurige, sofern ihr diese unsere Sache nicht verratet! Und es soll geschehen: Wenn der Herr uns dieses Land gibt, so wollen wir an dir Güte und Treue erweisen! Da ließ sie dieselben an einem Seil durch das Fenster hinunter; denn ihr Haus war an der Stadtmauer, und sie wohnte an der Mauer. Und sie sprach zu ihnen: Geht in das Bergland, dass euch eure Verfolger nicht begegnen, und verbergt euch dort drei Tage lang, bis eure Verfolger zurückgekehrt sind; danach geht eures Weges! Und die Männer antworteten ihr: [Unter diesen

Bedingungen] werden wir frei sein von deinem Eid, den du uns hast schwören lassen: Siehe, wenn wir in das Land kommen, so sollst du diese Schnur aus karmesinrotem Faden in das Fenster knüpfen, durch das du uns hinabgelassen hast, und deinen Vater, deine Mutter, deine Brüder und das ganze Haus deines Vaters zu dir in das Haus versammeln. Und wer dann zur Tür deines Hauses hinaus auf die Straße geht, dessen Blut sei auf seinem Haupt, wir aber unschuldig; wenn aber Hand gelegt wird an jemand von denen, die bei dir im Haus sind, so soll ihr Blut auf unserem Haupt sein. Und wenn du etwas von dieser unserer Sache verraten wirst, so werden wir frei sein von deinem Eid, den du uns hast schwören lassen. Da sprach sie: Es sei, wie ihr sagt! und ließ sie gehen. Und sie gingen hin; sie aber knüpfte die karmesinrote Schnur ins Fenster. Und jene gingen in das Bergland und blieben drei Tage lang dort, bis ihre Verfolger zurückgekehrt waren; und die Verfolger hatten sie auf dem ganzen Weg gesucht und doch nicht gefunden. Und die beiden Männer kehrten zurück und stiegen vom Bergland hinunter; und sie setzten über und kamen zu Josua, dem Sohn Nuns, und erzählten ihm alles, was ihnen begegnet war. Und sie sprachen zu Josua: Der Herr hat das ganze Land in unsere Hand gegeben; auch sind alle Einwohner des Landes verzagt vor uns! — Josua 2,8–24

Zugegeben, in diesem Land wohnten große Menschen. Es waren Riesen! Aber hier erfahren wir, was sie dachten. Vierzig Jahre lang hatten sie sich vor den Israeliten gefürchtet. Ihre Herzen waren verzagt und ihre Kraft hatte sie verlassen. Hätten die Israeliten die Situation angemessen analysiert, wäre ihr Einzug ins Gelobte Land ein Kinderspiel gewesen. Gott hätte ihnen völligen Sieg gegeben. Stattdessen schauten sie auf die Größe der Menschen und empfanden sie als Riesen. Indem sie ihre Aufmerksamkeit auf die natürlichen Umstände richteten, anstatt Gott zu gehorchen, verzögerten sie die Erfüllung von Gottes Plan um vierzig Jahre. Sie begrenzten Gott!

Die unbeschnittenen Philister

Das genaue Gegenteil erkennen wir in 1. Samuel 17, wo David Goliat gegenübertrat. Während die anderen tapferen Krieger sich hinter Felsen versteckten, weil sie den Riesen fürchteten, schaute David Goliat an und sagte: »Wer ist dieser unbeschnittene Philister?« (1Sam 17,26). David sprach über den Bund der Beschneidung. Goliat war kein Israelit; er gehörte nicht zum Bundesvolk Gottes.

Wir würden das heute so ausdrücken: »Wer ist dieser Mensch, der keinen Bund mit Gott hat und nicht zum Volk Gottes gehört, dass er sich denen entgegenstellt, die einen Bund mit Gott haben?« Genau diese Einstellung sollten wir haben, wenn uns Ungläubige kritisieren, seien es nun Familienangehörige, Freunde, Kollegen oder Vorgesetzte. Wenn sie Gott nicht kennen, ist unsere Meinung von Gott besser als ihre Meinung von Gott. Schließlich wird ihre Meinung sie eines Tages in die Hölle bringen!

Als Menschen, die von neuem geboren und im Heiligen Geist getauft sind, bilden wir heute die Ausnahme. Wenn wir die Geistestaufe empfangen, haben wir Offenbarung von Gott und einen Zugang zu ihm, den ein Durchschnittsgläubiger nicht hat. Wenn wir von neuem geboren und mit dem Heiligen Geist erfüllt sind, gehören wir schon zur »Elite«. Warum um alles in der Welt sollten wir da die Meinung von Menschen, die nicht einmal eine Beziehung zu Gott haben, höher achten und ihnen Autorität zuschreiben?

Gottesfürchtige werden Verfolgung erleiden

Ohne unsere Zustimmung oder Mitwirkung kann uns niemand einschüchtern. Keiner hat Einfluss auf uns – es sei denn, wir räumen ihm diesen Einfluss ein. Wenn wir uns Sorgen machen, was jemand über uns sagen mag, liegt das daran, dass wir Menschenfurcht haben – statt Gottesfurcht. Oder vielleicht ist unsere Menschenfurcht größer als unsere Gottesfurcht. Wenn wir unsere Menschenfurcht bestimmen lassen, was wir tun, deutet das auf ein Defizit bei uns selbst hin – und nicht bei ihnen. Nicht die Menschen, die uns kritisieren, sind das Problem, sondern wir selbst.

Wenn wir einen Stein in ein Rudel Hunde werfen, ist der Hund, der am lautesten aufheult, derjenige, der getroffen wurde. So ist es auch bei uns: Wenn wir Gottes Standpunkt einnehmen, wird uns derjenige am meisten kritisieren, den wir am stärksten überführt haben. Die Menschen versuchen eine solche Überführung ihres Gewissens dadurch abzuwenden, dass sie uns niedermachen und in Misskredit bringen. Sollten sie es schaffen, uns in die Knie zu zwingen, können sie am Ende sagen: »Seht ihr, ich hatte recht.«

Wenn ein Zeuge vor Gericht eine belastende Aussage macht, wird der gegnerische Anwalt versuchen, seine Integrität infrage zu stellen. Wenn es dem Anwalt gelingt, den Zeugen fragwürdig erscheinen zu lassen, wird seiner Aussage keine große Bedeutung beigemessen. Das ist es, worum es bei Verfolgung wirklich geht!

Denn jeder, der Böses tut, hasst das Licht und kommt nicht zum Licht, damit seine Werke nicht aufgedeckt werden.
— Johannes 3,20

Wenn wir in gesellschaftlichen Fragen einen moralisch korrekten Standpunkt vertreten, werden Leute, die es mit der Moral nicht so genau nehmen, uns zu kritisieren versuchen, weil sie sich durch unseren Standpunkt verurteilt fühlen. Dabei ist es gar nicht unsere Absicht, sie zu verurteilen. Tief in ihrem Herzen wissen alle Menschen, wo sie falschliegen. Sie mögen das Gefühl von Schuld und Verdammnis nicht, deswegen greifen sie uns an, wenn wir für Werte einstehen, die sie verleugnen, denn sie wollen gut dastehen. Sie versuchen das Licht anderer zu verdunkeln, damit es nicht ihre Sünde beleuchtet. Das ist der eigentliche Grund für Kritik. Wenn wir das verstehen, wird uns klar, dass wir Kritik und Verfolgung eigentlich als Kompliment werten können.

Und alle, die gottesfürchtig leben wollen in Christus Jesus, werden Verfolgung erleiden. — 2. Timotheus 3,12

Wenn wir keine Verfolgung erleiden, führen wir kein gottesfürchtiges Leben. Wenn uns niemand kritisiert, sind wir keine guten Christen und verkünden das Wort nicht angemessen. Jesus sagt: »Gedenkt an das Wort, das ich zu euch gesagt habe: Der Knecht ist nicht größer als sein Herr. Haben sie mich verfolgt, so werden sie auch euch verfolgen; haben sie auf mein Wort argwöhnisch achtgehabt, so werden sie auch auf das eure argwöhnisch achthaben« (Joh 15,20). Mit anderen Worten: Wenn schon der Hausherr kritisiert wurde, wie viel mehr gilt das auch für uns!

Ich bin inzwischen so weit, dass ich einfach in Gott ruhe und weiß, dass er mich liebt. Wenn Kritik und Verfolgung aufkommen, lasse ich mich dadurch nicht von dem abbringen, was Gott mir zu tun aufgetragen hat. Es werden im Internet Hunderte oder gar Tausende Artikel gegen mich geschrieben, die mich in ein schlechtes Licht rücken sollen. Die Menschen behaupten alles Mögliche über mich, aber das wird meinen Standpunkt nicht verändern.

Viele Menschen sind aufgrund ihrer Menschenfurcht und der Angst vor Verfolgung wie gelähmt. Die meisten Leute sind so empfindlich, dass sie nicht bereit sind, Verfolgung zu erdulden. Das deutet darauf hin, dass sie keine enge Beziehung zu Gott haben. Ihnen ist die Anerkennung von Menschen wichtiger als die Anerkennung von Gott. Wenn das so ist, begrenzen sie Gott.

KAPITEL 5

Angst vor Erfolg

Als Gott zu mir sprach, dass ich ihn begrenze, war eine der größten Ängste in meinem Leben die Angst vor Erfolg. Manch einer versteht vielleicht nicht, was ich damit meine, aber ich glaube, mehr Menschen wurden durch Erfolg zugrunde gerichtet als durch Schwierigkeiten und Versagen. Oft heißt es: »Wenn du leidest und alles schief läuft, zeigt sich, was in dir steckt.« Doch eigentlich zeigt sich in den guten Zeiten, was in uns steckt. Alle – selbst Menschen, die Gott keinen großen Stellenwert beimessen – wenden sich an ihn, wenn es nicht gut läuft und es so aussieht, als könne es jeden Moment mit ihnen zu Ende sein. Selbst Leute, die Gott gar nicht lieben, schreien nach ihm und bitten um Hilfe, wenn sie in Schwierigkeiten sind.

> *Zweierlei erbitte ich von dir; verweigere es mir nicht, bevor ich sterbe: Gehaltloses und Lügenwort halte von mir fern! Armut und Reichtum gib mir nicht, lass mich das Brot, das ich brauche, genießen, damit ich nicht, satt geworden, leugne und sage: Wer ist denn der HERR? – und damit ich nicht, arm geworden, stehle und mich vergreife an dem Namen meines Gottes! — Sprüche 30,7–9* ELB

Ich glaube, ein größerer Hinweis darauf, was wirklich in uns steckt, sind die Zeiten, in denen alles gut läuft und wir uns nicht auf Gott verlassen müssen. Sind wir auch dann noch bereit, zu beten und die Bibel zu studieren?

Vergiss den Herrn nicht

Das ganze Gebot, das ich dir heute gebiete, sollt ihr bewahren, um es zu tun, damit ihr lebt und euch mehrt und hineinkommt und das Land in Besitz nehmt, das der Herr euren Vätern zugeschworen hat. Und du sollst an den ganzen Weg gedenken, durch den der Herr, dein Gott, dich geführt hat diese 40 Jahre lang in der Wüste, um dich zu demütigen, um dich zu prüfen, damit offenbar würde, was in deinem Herzen ist, ob du seine Gebote halten würdest oder nicht. Und er demütigte dich und ließ dich hungern und speiste dich mit dem Manna, das weder du noch deine Väter gekannt hatten, um dich erkennen zu lassen, dass der Mensch nicht vom Brot allein lebt, sondern dass er von all dem lebt, was aus dem Mund des Herrn hervorgeht. Deine Kleider sind nicht zerlumpt an dir, und deine Füße sind nicht geschwollen diese 40 Jahre. So erkenne nun in deinem Herzen, dass der Herr, dein Gott, dich erzieht, wie ein Mann seinen Sohn erzieht. Und bewahre die Gebote des Herrn, deines Gottes, dass du in seinen Wegen wandelst und ihn fürchtest! Denn der Herr, dein Gott, bringt dich in ein gutes Land, in ein Land, in dem Wasserbäche, Quellen und Seen sind, die in den Tälern und auf den Bergen entspringen; ein Land, in dem Weizen, Gerste, Weinstöcke, Feigenbäume und Granatäpfel gedeihen, ein Land voller Olivenbäume und Honig; ein Land, von dem du dich nicht kümmerlich nähren musst, in dem es dir an nichts mangelt; ein Land, dessen

Steine Eisen sind, wo du Erz aus den Bergen hauen wirst. Und wenn du gegessen hast und satt geworden bist, dann sollst du den Herrn, deinen Gott, loben für das gute Land, das er dir gegeben hat. Hüte dich, dass du den Herrn, deinen Gott, nicht vergisst, so dass du seine Gebote, seine Satzungen und Rechtsbestimmungen, die ich dir heute gebiete, nicht hältst; damit nicht, wenn du isst und satt wirst und schöne Häuser erbaust und darin wohnst, und deine Rinder und Schafe sich mehren, und dein Silber und Gold sich mehren, und alles, was du hast, sich mehrt, [damit nicht] dann dein Herz sich überhebt und du den Herrn, deinen Gott, vergisst, der dich aus dem Land Ägypten herausgeführt hat, aus dem Haus der Knechtschaft, [ihn,] der dich durch diese große und schreckliche Wüste geleitet hat, wo feurige Schlangen waren und Skorpione und dürres Land ohne Wasser; der dir Wasser aus dem harten Felsen entspringen ließ; der dich in der Wüste mit Manna speiste, von dem deine Väter nichts wussten, um dich zu demütigen und zu prüfen, damit er dir am Ende Gutes tue; und damit du nicht in deinem Herzen sagst: Meine eigene Kraft und die Stärke meiner Hand hat mir diesen Reichtum verschafft! So gedenke doch an den Herrn, deinen Gott – denn er ist es, der dir Kraft gibt, solchen Reichtum zu erwerben –, damit er seinen Bund aufrechterhält, den er deinen Vätern geschworen hat, wie es heute geschieht. Wenn du aber den Herrn, deinen Gott, wirklich vergisst und anderen Göttern nachfolgst und ihnen dienst und sie anbetest, so bezeuge ich heute gegen euch, dass ihr gewiss umkommen werdet. Wie die Heiden, die der Herr vor eurem Angesicht ausrottet, so werdet auch ihr umkommen, weil ihr der Stimme des Herrn, eures Gottes, nicht gehorsam seid. — 5. Mose 8,1–20

In diesem Kapitel richtet sich Mose an die Israeliten und es geht dabei um den Einzug in das verheißene Land. Er ermahnt sie, bei all dem Wohlstand, der sie dort erwarte, nicht zu vergessen, dass es der Herr war, der ihnen die Kraft gab, solchen Reichtum zu erlangen, damit er seinen Bund aufrechterhalte. Das Leben von König Saul ist hierfür ein gutes Beispiel.

Und Samuel sprach: Ist es nicht so, als du klein warst in deinen Augen, wurdest du das Haupt der Stämme Israels, und der Herr salbte dich zum König über Israel?
— 1. Samuel 15,17

Samuel sprach zu Saul: Ich will nicht mit dir umkehren; denn du hast das Wort des Herrn verworfen, und der Herr hat dich verworfen, dass du nicht mehr König über Israel sein sollst!
— 1. Samuel 15,26

Als Saul in seinen eigenen Augen klein war – demütig und Gott gehorsam –, konnte Gott ihn gebrauchen. Doch als er in seinen eigenen Augen mächtig wurde – voller Stolz und Gott ungehorsam –, konnte Gott ihn nicht länger gebrauchen. Demut ist eine Voraussetzung für ein Leben mit Gott. Saul wandelte nicht mehr mit Gott, weil er stolz wurde und seine eigenen Wege ging. Deswegen verwarf ihn Gott als König. Saul setzte dem, was Gott in seinem Leben tun wollte, Grenzen.

Stolz kommt vor dem Zusammenbruch,
und Hochmut kommt vor dem Fall. — Sprüche 16,18

Gott widersteht den Hochmütigen;
den Demütigen aber gibt er Gnade. — 1. Petrus 5,5

Es gibt also Grund genug, sich vor Wohlstand zu fürchten. Wohlstand hat das Leben vieler Menschen zerstört und ihr Herz dem Herrn gegenüber verhärtet. Das ist heutzutage ein Problem in unserem Land. Amerika ist so reich, dass wir es überall mit verwöhnten Leuten zu tun haben. Sie denken, dass der Staat ihnen etwas schulde, wenn sie nicht in jedem Zimmer einen Flachbildfernseher stehen haben.

Wenn du die Kirchengeschichte studierst, wirst du feststellen, dass die Gemeinde immer dann blühte, wenn sie verfolgt wurde. Aber wann immer sich Christen in einer Phase relativen Wohlstands befanden, fielen sie vom Glauben ab. Ich glaube, genau das passiert heute in unserem Land. Wir sind religiös geworden. Amerika wurde einst auf der Grundlage christlicher Prinzipien aufgebaut, aber heute hat die Gemeinde nur noch minimalen Einfluss in der Gesellschaft. Ich sage das nicht gern, aber in vielerlei Hinsicht würde ich unsere Gesellschaft als postchristlich bezeichnen. Allerdings möchte ich das nicht einfach so als unser unausweichliches Schicksal hinnehmen. Ich glaube noch immer, dass Gott unser Land wieder erwecken wird, und ich tue mein Mögliches dafür, indem ich das Wort predige. Ich vertraue immer noch auf Gott, was unsere Nation angeht.

Hochmut kommt vor dem Fall

Sprüche 16,18 kann auch auf König Ussija angewandt werden. Ussija war ebenfalls ein König, der als demütiger Diener Gottes begann. Gott machte ihn zu einem cleveren Erfinder von Kriegsgeräten, wodurch seine Armee technisch bestens ausgerüstet und Feinden gegenüber im Vorteil war. Er hatte Erfolg, doch dann wurde er von Stolz erfüllt. Er ging in den Tempel und beschloss, Gott ein

Opfer zu bringen. Er versuchte damit, die Stelle des Priesters einzunehmen, was einem König nicht gestattet war. Deswegen schlug ihn Gott mit Aussatz.

Und Ussija rüstete das ganze Heer mit Schilden, Speeren, Helmen, Panzern, Bogen und Schleudersteinen aus. Er machte in Jerusalem auch Maschinen, von erfinderischen Männern kunstvoll gebaut, die auf Türmen und Zinnen aufgestellt wurden, um mit Pfeilen und großen Steinen zu schießen. So verbreitete sich sein Ruhm weithin, weil ihm wunderbar geholfen wurde, bis er sehr stark wurde. Als er aber stark geworden war, überhob sich sein Herz zu seinem Verderben, und er versündigte sich an dem Herrn, seinem Gott, indem er in die Tempelhalle des Herrn ging, um auf dem Räucheraltar zu räuchern. Aber der Priester Asarja ging ihm nach, und 80 Priester des Herrn mit ihm, vortreffliche Männer; die traten dem König Ussija entgegen und sprachen zu ihm: Ussija, es steht nicht dir zu, dem Herrn zu räuchern, sondern den Priestern, den Söhnen Aarons, die zum Räuchern geheiligt sind! Verlass das Heiligtum, denn du hast dich versündigt, und das bringt dir vor Gott, dem Herrn, keine Ehre! Da wurde Ussija zornig, während er die Räucherpfanne in seiner Hand hielt, um zu räuchern. Als er aber seinen Zorn gegen die Priester ausließ, da brach der Aussatz an seiner Stirn aus, vor den Augen der Priester im Haus des Herrn, beim Räucheraltar. Denn als sich der Oberpriester Asarja und alle Priester zu ihm hinwandten, siehe, da war er aussätzig an seiner Stirn! Da jagten sie ihn rasch hinaus; und auch er selbst machte sich schnell davon, weil der Herr ihn geschlagen hatte. — 2. Chronik 26,14–20

Unabhängig oder gottabhängig?

David wurde so erfolgreich, dass er sich entschloss, von anderen ausführen zu lassen, wozu Gott ihn berufen hatte. Offensichtlich hatte er Langeweile, denn er stand erst auf, als die Sonne schon unterging. Das bedeutet: Er hatte nichts zu tun.

> *Und es geschah im folgenden Jahr, zu der Zeit, da die Könige [zum Kampf] ausziehen, da sandte David Joab und seine Knechte mit ihm und ganz Israel; und sie schlugen die Ammoniter nieder und belagerten Rabba. David aber blieb in Jerusalem. Und es geschah, als David zur Abendzeit von seinem Lager aufstand und auf dem Dach des königlichen Hauses umherwandelte, da sah er vom Dach aus eine Frau sich baden, und die Frau war von sehr schönem Aussehen. Und David sandte hin und erkundigte sich nach der Frau, und man sprach: Ist das nicht Bathseba, die Tochter Eliams, die Frau Urijas, des Hetiters? Und David sandte Boten hin und ließ sie holen. Und sie kam zu ihm, und er lag bei ihr.*
> *— 2. Samuel 11,1–4*

David begann seinen Weg in der Abhängigkeit von Gott, doch sein Erfolg führte dazu, dass er sich von Gott unabhängig machte. Diese Bibelstellen sah ich als Warnung, dass es meinen Untergang bedeuten könnte, wenn Gott meinen Dienst wachsen ließ, mir mehr Einfluss gab und ich mehr Menschen erreichte. Davor fürchtete ich mich. Das mag sonderbar klingen, aber ich hatte Angst vor Erfolg und den Auswirkungen, die er auf mich haben könnte. Eines Tages sprach der Herr zu mir: »Ich habe 35 Jahre lang an dir gearbeitet und jetzt musst du darauf vertrauen, dass ich dich darauf vorbereitet habe.« Also musste ich diese Angst überwinden und sagen: »Vater, ich nehme den Erfolg und alles, was er mit sich bringt, an.«

Angst hielt mich zurück. Ich gebe es nicht gern zu, aber zum Teil war es auch ein Gefühl der Unwürdigkeit. Ich wusste, dass Gott mich liebt, ja, dass er sozusagen immer ein Bild von mir in seiner Brieftasche trägt, dennoch machte mir zu schaffen, was andere Leute von mir dachten. Ich fühlte mich unwürdig, von Gott gebraucht zu werden. Wie schon gesagt: Wenn ich Gott wäre, hätte ich bestimmt nicht mich erwählt.

Gott hat dich ausgesondert

Im Januar 1973 sprach der Herr zu mir, nur wenige Monate nach meiner Hochzeit mit Jamie. Mitten in der Nacht weckte er mich und sprach durch Jeremia 1,4–8 zu mir:

> *Und das Wort des Herrn erging an mich folgendermaßen: Ehe ich dich im Mutterleib bildete, habe ich dich ersehen, und bevor du aus dem Mutterschoß hervorkamst, habe ich dich geheiligt; zum Propheten für die Völker habe ich dich bestimmt! Da sprach ich: Ach, Herr, Herr, siehe, ich kann nicht reden, denn ich bin noch zu jung! Aber der Herr sprach zu mir: Sage nicht: »Ich bin zu jung«; sondern du sollst zu allen hingehen, zu denen ich dich sende, und du sollst alles reden, was ich dir gebiete! Fürchte dich nicht vor ihnen! Denn ich bin mit dir, um dich zu erretten, spricht der Herr.*

Seit dieser Nacht habe ich nie wieder jemandem erzählt, dass ich nicht vor vielen Leuten sprechen könne. Ich wurde meine Angst zwar nicht sofort los, aber ich begann zu tun, was der Herr mir sagte. Bevor er mich im Mutterleib gebildet hatte, noch bevor ich aus dem Schoß meiner Mutter hervorkam, hatte Gott eine Bestimmung für mich. Paulus sagt das Gleiche in Galater 1,15: »Als es aber Gott, der mich vom Mutterleib an ausgesondert und durch seine Gnade berufen hat, wohlgefiel …«

Wir wurden von Gott erschaffen. In Psalm 139,16 heißt es, dass er uns schon sah, als wir noch ein Embryo waren und dass all unsere Tage in seinem Buch aufgeschrieben sind. Gott weiß alles über uns. Er hat uns für eine bestimmte Absicht geschaffen und geformt. Es ist nicht so, dass wir im Laufe unseres Lebens erst herausfinden müssen, ob wir eine künstlerische Begabung oder Organisationstalent haben, oder ob wir gut mit Leuten umgehen können, um dann unseren Möglichkeiten gemäß zu tun, was immer wir wollen.

Gott hat dich aus einem bestimmten Grund erschaffen und es liegt an dir, diese Bestimmung herauszufinden. Du kannst sie nicht zufällig erfüllen. Sie trifft dich nicht einfach als Schicksal. Du musst den Willen Gottes aktiv suchen, um ihn zu entdecken. Wir brauchen dabei Offenbarung von Gott, denn er beruft uns zu Dingen, die jenseits unserer natürlichen Möglichkeiten liegen. Auf diese Weise werden wir abhängig von Gott. Wenn du nur auf die Ergebnisse eines Persönlichkeitstests schaust, um herauszufinden, wofür du geeignet bist, wird dir Gottes Plan entgehen. In dir gibt es Dinge, die er zustande bringen will.

Gott berief mich zu genau der Aufgabe, die ich nicht erfüllen konnte – vor Millionen von Menschen zu sprechen. Er berief einen Hinterwäldler aus Texas, um sein Wort zu verkündigen. Manche Leute haben sich über meine Stimme lustig gemacht. Es ging sogar so weit, dass jemand schrieb, er habe mich mit einer bekannten Witzfigur verwechselt. Eine andere Person wunderte sich, wie man es mit so wenig Ausstrahlung schafft, ins Fernsehen zu kommen. Ich verstand genau, was diese Leute meinten!

Ich entspreche definitiv nicht dem Bild eines typischen Predigers. Ich habe kein besonderes Charisma, trotzdem hat Gott mich erwählt. Und indem ich auf seinen Ruf reagiert habe, hat er mich gesegnet. Er gebraucht mich. Heute sind Menschen deswegen noch am Leben, weil ich getan habe, was Gott mir aufgetragen hat. Unter anderen Umständen wären sie tot. Andere beginnen die Güte Gottes zu verstehen und ihr Leben wird verändert. Wunder geschehen! Du musst deine Bestimmung herausfinden. Es gibt für dich nur eine Chance, dein volles Potential auszuschöpfen: indem du tust, wozu Gott dich erschaffen hat.

Wenn wir den Segen zurückhalten

Im Dezember 2001 befasste sich der Herr 45 Tage lang mit mir, bis ich verstand, dass ich ihn begrenzte. Ein Teil dieses Prozesses begann, als wir nach einem neuen Gebäude suchten, weil unser altes mit 1350 Quadratmetern zu klein geworden war. Als wir anfingen, nach neuen Räumen zu suchen, war ich unterwegs und predigte, während Jamie sich vom Immobilienmakler geeignete Objekte zeigen ließ. Als sie mich vom Flughafen abholte, zeigte sie mir ein paar der Gebäude, die sie angeschaut hatte, und manche von ihnen hatten mehr als 3000 Quadratmeter. Jamie meinte, diese Größe würde für unseren Dienst wohl für immer ausreichen. Doch sobald sie das sagte, dachte ich: *O nein, ich habe vergessen Jamie zu erzählen, dass Gott mir gesagt hat, unser Dienst würde eines Tages einer der größten weltweit sein.*

Jamie und ich teilen alles miteinander und sprechen über alles, aber mir wurde plötzlich bewusst, ich hatte ihr nicht erzählt, was der Herr zu mir gesprochen hatte. Zu Beginn unseres Dienstes gab es so viel Kritik, dass ich irgendwann einfach aufhörte, über die Dinge zu sprechen, die Gott mir aufs Herz legte. Wegen all dieser Kritik in der Vergangenheit fürchtete ich, dass sogar Jamie meine Vision ablehnen würde. Als mir das klar wurde, war ich schockiert, dass mich die Angst davon abgehalten hatte, ihr zu erzählen, was Gott zu mir geredet hatte.

Obwohl ich schon seit 1976 im Radio predigte, hatte ich vor lauter Angst, hochmütig zu werden, dennoch nie zu denken gewagt, ich könnte wirklich Einfluss auf die Menschen haben. Doch Gott zeigte mir, dass ich aus falscher Demut und einem Gefühl der Unwürdigkeit heraus – gepaart mit Angst vor Erfolg – das begrenzte, was Gott in meinem Leben tun konnte.

Das machte er mir besonders deutlich durch ein Interview mit den Radiomoderatoren Len und Cathy Mink. Während ich im Nebenraum darauf wartete, dass sie die Nachrichten und den Wetterbericht beendeten, hörte ich, wie sie mich den Zuhörern in einer Weise vorstellten, die mich fast beschämte. Sie sprachen davon, wie der Herr mich damals, als sie noch neu im Glauben waren, gebraucht hatte, ihr Leben zu formen und in die richtige Richtung zu lenken. Ich kannte die Minks seit Jahren, hätte aber nie gedacht, dass ich Einfluss auf ihr Leben haben könnte. Nach dem Interview offenbarte ich ihnen meine Gedanken und sie waren schockiert. Sie erinnerten mich daran, dass ich meine Lehrprogramme seit Jahrzehnten auf mehr als 100 Radiostationen sende – warum sollte ich nicht glauben, dass der Herr dadurch Menschen erreicht hat?

Natürlich machte das Sinn, aber aus Angst vor Stolz hatte ich mir nie gestattet, darüber nachzudenken, dass der Herr mich gebraucht. Ich ging jeder Versuchung von Stolz aus dem Weg, indem ich das Offensichtliche leugnete. Aber auch das ist nicht der richtige Weg.

Ich musste mich diesen Tatsachen stellen. Als ich so meine Herzenshaltung änderte und mir sagte: *Preis sei Gott, ich werde tun, wozu er mich berufen hat; ungeachtet der Gefahr zu versagen, abgelehnt oder verfolgt zu werden – oder in Stolz zu verfallen,* veränderte sich innerhalb weniger Wochen unser Dienst. Er begann zu explodieren!

Der Herr zeigte mir, dass er seit meiner Berufung in den Dienst vor 45 Jahren all diese Segnungen kontinuierlich auf mich ausgegossen hatte, doch ich hatte einen gewaltigen Damm aufgebaut, der den Segen zurückhielt. Als ich schließlich nachgab und beschloss: *Ja, ich mach's!*, und Worte des Glaubens über meinen Dienst aussprach, war es, als würde der Damm brechen und die Kraft Gottes hindurchströmen!

Innerhalb weniger Wochen nachdem ich aufgehört hatte, Gott Grenzen zu setzen, erlebte ich wundersame Resultate. So kann es auch dir ergehen, sobald du das, was Gott in deinem Leben tun will, nicht länger begrenzt – sei es nun aus Menschenfurcht, Angst vor Erfolg oder aufgrund irgendeiner anderen Angst. Gott hat einen großartigen Plan für dein Leben. Er hat eine gewaltige Bestimmung für dich. Hebe die Grenzen auf, die du Gott gesetzt hast, und erlebe, wie sein Wille für dein Leben zustande kommt!

KAPITEL 6

Vorstellungskraft

Als ich meine Mitarbeiter zusammenrief, um ihnen mitzuteilen, was der Herr zu mir gesprochen hatte, sagte ich ihnen, dass ich zwei Bilder in mir trage: ein Bild von dem, was ich *tun kann* – und ein Bild von dem, was ich *nicht tun kann*. Wir alle haben eine Vorstellung, wozu wir in der Lage sind, und gleichzeitig auch davon, was nur Gott durch uns tun kann, wozu wir selbst nicht in der Lage sind. Diese zweite Vorstellung definiert quasi die Grenze für das, was Gott in unserem Leben möglich ist.

Wir sehen uns selbst auf eine bestimmte Weise, aber wenn wir Gott nicht länger begrenzen wollen, müssen wir dieses Bild ändern. Ich wusste nicht, wie lange es dauern würde, meine Vorstellung von dem zu verändern, wozu ich in der Lage bin – eine Woche, einen Monat, ein Jahr oder sogar länger –, aber ich war entschlossen, es zu verändern und mich selbst das tun zu sehen, wozu Gott mich berufen hatte!

Gott hat uns mit einer Vorstellungskraft erschaffen, ohne die wir nicht in der Lage wären, zu denken. Würde ich dich fragen, wie viele Türen deine Wohnung hat, wüsstest du vielleicht nicht sofort die Antwort, weil du sie noch nie gezählt hast. Du hast diese Information also nicht in deinem Gedächtnis abgespeichert, aber unter Einsatz deiner Vorstellungskraft könntest du die Türen zählen. Du könntest in Gedanken durch die Räume deines Zuhauses gehen und die Türen zählen, ohne sie mit deinen natürlichen Augen zu sehen. Du würdest sie mithilfe deiner Vorstellungskraft sehen.

Wir benutzen unsere Vorstellungskraft täglich

Die meisten von uns bemerken gar nicht, wie stark wir unsere Vorstellungskraft einsetzen. Manche meinen, Vorstellungskraft oder Fantasie sei nur etwas für Kinder, aber wir nutzen sie ständig, Tag für Tag. Hätten wir keine gedankliche Vorstellung von unserem Weg zur Arbeit, würden wir nicht hinfinden. Wir gebrauchen unsere Vorstellungskraft auch, wenn wir zu Hause einen Einkaufszettel schreiben und hierzu gedanklich durch die Supermarktregale gehen.

Erwachsene nehmen fälschlicherweise oft an, der Gebrauch der Vorstellungskraft wäre das Gleiche wie »fantasieren«, aber das stimmt nicht. Im *Merriam-Webster*-Onlinewörterbuch wird Vorstellungskraft definiert als »der Akt oder die Fähigkeit, sich ein geistiges Bild von etwas zu formen, das den Sinnen gegenwärtig nicht zugänglich ist oder nie zuvor vollständig in der Realität wahrgenommen wurde«. Mit anderen Worten: Vorstellungskraft ist die Fähigkeit, in unseren Gedanken etwas zu sehen, was unsere natürlichen Augen nicht sehen können.

Unsere Vorstellungskraft ist enorm wichtig. Ohne sie kämen wir nicht zurecht! Fragt dich jemand beispielsweise, wie er von der Autobahn aus zu dir nach Hause findet, musst du die Strecke nicht abfahren, um sie zu beschreiben. Du stellst sie dir einfach vor und führst die Person gemäß dem, was du in deinen Gedanken siehst – in deiner Vorstellung. Du könntest bestimmte Orientierungspunkte entlang der Strecke beschreiben und sogar die ungefähren Entfernungen abschätzen. Das funktioniert, weil du all diese Informationen verinnerlicht hast und mithilfe deiner Vorstellungskraft darauf zurückgreifen kannst.

Wenn es um Gottes Wegweisung für unser Leben geht, müssen wir unsere Vorstellungskraft gebrauchen, um zu sehen, wie diese

Dinge zustande kommen. Viele von uns trösten sich damit, anderen die Schuld für ihre Probleme zu geben, oder sie machen mangelnde Ausbildung, Herkunft oder gesellschaftlichen Status für ihre Lage verantwortlich. Doch selbst wenn wir eine Million Entschuldigungen anführen, haben diese äußerlichen Dinge dennoch nicht die Macht, unser Leben zu bestimmen. Unser Leben heute ist so, wie es ist, weil wir es so gesehen oder in unserer Vorstellung ausgemalt haben. Unsere Denkweise bestimmt, wie unser Leben verläuft.

Wir denken in Bildern

Das meiste von dem, was wir an Informationen erhalten, merken wir uns gar nicht. Deswegen sind viele Lehrmethoden nicht effektiv. Doch unsere Vorstellungskraft kann uns dabei helfen, so abstrakte Dinge wie Mathematik zu verstehen. Manche Leute haben Schwierigkeiten mit Mathe, aber ein guter Lehrer veranschaulicht Matheaufgaben in einer Weise, die den Schülern das Verstehen erleichtert. Statt zu lehren, dass eins plus eins zwei ergibt oder zwei plus zwei gleich vier ist, besteht die bessere Lehrmethode darin zu fragen: »Wenn ich zwei Äpfel habe und noch zwei hinzufüge, wie viele habe ich dann?« Indem der Lehrer ein sprachliches Bild zeichnet, hilft er den Schülern, sich die Fragestellung optisch vorzustellen.

Wenn wir das Wort *Apfel* hören, stellen wir uns nicht die Buchstaben A-P-F-E-L vor, sondern sehen ein inneres Bild von einem Apfel. Manche sehen vielleicht einen grünen, während andere einen roten Apfel sehen, doch das Wort *Apfel* zeichnet uns ein Bild von einem Apfel vor Augen. Ich könnte dein Bild von diesem Apfel verändern, indem ich bestimmte Adjektive verwende. Wenn ich beispielsweise sage: »Es ist ein großer, roter, saftiger Apfel«, spiegelt deine gedankliche Vorstellung diese Attribute wider. Worte malen Bilder!

Ohne eine feste Vorstellung können wir auch nichts bauen. Architekten benutzen einen Bauplan, um den Bauhandwerkern zu zeigen, wie sie das, was der Architekt entwickelt hat, bauen sollen. Als wir die Gebäude für unseren neuen Campus in Woodland Park entwarfen, diskutierten wir stundenlang darüber, wie das Auditorium aussehen sollte. Erst als wir von dem, was wir wollten, ein klares Bild vor Augen hatten, konnten die Architekten den Plan für die Bauleute zeichnen.

In Vietnam wurde unser Wasser in sogenannten »Wasserblivets« geliefert. Die meisten werden keine Ahnung haben, was das ist, und können sich deshalb weder ein Bild davon machen noch es anderen beschreiben. Wasserblivets sind schwarze, walzenförmige Gummicontainer mit beidseits metallenen Rohranschlüssen. Mit ihrem Fassungsvermögen von 1000, 2000 oder 4000 Litern wurden sie am Helikopter hängend eingeflogen. Jeder dieser Container hatte einen Zapfhahn, aus dem wir unsere Wasserbehälter füllen konnten. Wenn Wasser abgezapft wurde, schrumpfte das Blivet durch den atmosphärischen Druck, bis es am Ende ganz flach war und so vom Hubschrauber wieder abgeholt wurde. Das zeichnet vielleicht noch kein perfektes Bild von einem Wasserblivet, aber zumindest hast du jetzt eine gewisse Vorstellung davon, weil du ein passendes Bild dazu hast – du hast etwas, das du »sehen« kannst.

Hast du dich je gefragt, warum Menschen eine Erscheinung haben, wenn sie nach Israel kommen? Das liegt nicht daran, dass es der Ort ist, an dem Jesus gelebt hat, oder weil dort eine besondere Salbung ist. Das ist es sicherlich nicht! Der Grund ist, dass sie plötzlich all die Dinge sehen können, die sie sich zuvor nur vage vorstellen konnten. Plötzlich wird alles viel realer. Vor Ort zu sein beflügelt die Vorstellungskraft. Sobald Menschen es sehen, wird das Wort für sie lebendig. Du musst deine Vorstellungskraft aktivieren, um Gott nicht länger zu begrenzen.

Ohne deine Vorstellungskraft wirst du nicht erleben, dass irgendetwas geschieht. Du musst sie einsetzen, um in größeren Dimensionen zu denken und zu sehen. Wenn du etwas nicht vor deinem inneren Auge sehen kannst, wirst du auch nicht erleben können, wie es für dich zum Tragen kommt. Wenn du dich nicht geheilt sehen kannst oder dir nicht vorstellen kannst, gesund zu sein, wird sich die Heilung nicht in deinem Körper manifestieren. Begrenze Gott nicht länger, sondern gebrauche deine Vorstellungskraft auf eine positive Weise, um seine Bestimmung für dein Leben zu erfüllen!

Wir gebrauchen unsere Vorstellung, um uns zu erinnern

Herr, du Gott unserer Väter Abraham, Isaak und Israel, bewahre ewiglich solchen Sinn und Gedanken im Herzen deines Volkes, und richte ihr Herz fest auf dich!
— 1. Chronik 29,18

Kurz von seinem Tod rief David das ganze Volk Israel zusammen und erhob ein Opfer, um den Tempel zu bauen. Aus seinem persönlichen Besitz gab er Gold im Wert von ungefähr ein bis zwei Milliarden US-Dollar. Das spornte auch den Rest des Volkes an. Die Menschen waren von Davids Freigiebigkeit so berührt, dass auch sie zu geben begannen. So kam schließlich ein Opfer im Wert von mehr als fünf Milliarden US-Dollar zusammen!

David pries Gott und sagte: »Denn was bin ich, und was ist mein Volk?« Dann erinnerte er sie daran, dass sie als Sklaven Ägypten verlassen hatten und nun in der Lage waren, ein solch großzügiges Opfer zu bringen. Sie taten im Grunde nichts anderes, als von dem Segen, den sie von Gott empfangen hatten, wieder etwas an ihn zurückzugeben. Als David Gott bat, dieses Ereignis für immer in den Herzen (oder in der Vorstellungskraft) der Menschen zu bewahren, wollte er damit eigentlich ausdrücken: »Lass sie es nicht vergessen!«

Erinnerungen sind also ebenfalls mit unserer Vorstellungskraft verbunden – angefangen bei einfachen Dingen, wie sich daran zu erinnern, wo man sein Auto geparkt hat, bis hin zu Erinnerungen aus der Kindheit. Unser Erinnerungsvermögen funktioniert auf der Grundlage unserer Vorstellungskraft. Kaum jemand schreibt sich auf, wo er sein Auto geparkt hat, sondern hat ein gedankliches Bild davon, wo es steht.

Auf diese Weise erinnern wir uns an Dinge. Was wir uns nicht vorstellen können, das können wir uns auch nicht in Erinnerung rufen. Genauso wenig können wir Dinge wirklich verstehen, solange wir uns gedanklich kein Bild davon machen können. Darum heißt es, dass ein Bild mehr als tausend Worte sagt. Kannst du dir etwas ausmalen, kannst du es auch haben oder tun!

Kannst du sehen?

Ich habe mal eine Geschichte über die Frau eines Pastors gehört, die nahezu blind war. Ihre Brillengläser waren so dick wie Flaschenböden. Ein Heilungsevangelist diente eines Tages in ihrer Gemeinde und sie versuchte, ihm aus dem Weg zu gehen, denn schon so viele Menschen hatten in der Vergangenheit für sie gebetet, doch sie war nie geheilt worden. Deswegen wollte sie kein weiteres Mal Gebet empfangen. In einem der Gottesdienste ließ der Heilungsevangelist aber nicht locker und sagte: »Ich möchte für dich beten.«

Er ließ sie ihre Brille absetzen und befahl Heilung in ihre Augen. Danach fragte er sie: »Kannst du sehen?«

Die Frau öffnete die Augen, um ihre Sehkraft zu überprüfen, aber der Evangelist stoppte sie. »Mach die Augen zu!«, befahl er. Und schnell schloss sie die Augen wieder.

»Kannst du sehen?«, fragte er noch einmal. Sobald sie die Augen öffnen wollte, wies er sie wieder an: »Lass die Augen zu!«

Als sich das ein drittes Mal wiederholte, stand die Frau verwirrt mit geschlossenen Augen da und fragte sich: *Was macht dieser Mann? Woher soll ich wissen, ob ich sehen kann, wenn ich meine Augen nicht öffnen darf?* Dann hörte sie den Mann sagen: »Ich habe dir gesagt, du sollst die Augen nicht öffnen, weil du dich zuerst *innerlich* als sehend wahrnehmen musst, bevor du es äußerlich erleben kannst. Du musst dich selbst als geheilt sehen.«

Sie stand mit geschlossenen Augen da und dachte über seine Worte nach. Es dauerte ein paar Minuten, bis sie verstand. Er fragte: »Bist du in deiner Vorstellung blind oder kannst du sehen?«

Sie betete eine Weile in Sprachen und antwortete schließlich: »Ich sehe mich sehend.«

»Dann öffne deine Augen«, antwortete er.

Als sie die Augen öffnete, war ihre Sehkraft perfekt. Sie war geheilt!

Wie siehst du dich?

Ab einem Alter von 40 Jahren sagen die Leute, dass es nun mit ihnen gesundheitlich bergab gehe. Sie sehen kranke Menschen im Alter von 70 oder 80 und denken, es müsse ihnen später genauso ergehen. Sie fangen an, sich darüber zu unterhalten und malen sich all die Probleme aus, die sie mit fortschreitendem Alter bekommen werden, und so wird daraus eine selbsterfüllende Prophezeiung.

Wir müssen uns so sehen, wie Gott uns sieht. Seine Sicht von uns finden wir in seinem Wort. Gleich zu Anfang dieses Buches habe ich von Mose gesprochen, der 120 Jahre alt war, als er starb – seine Augen waren nicht trüb und seine körperliche Kraft nicht geschwächt (5Mose 34,7). Wir haben einen besseren Bund als Mose. Wenn er also bis ins hohe Alter von 120 Jahren gesund bleiben konnte, dann können wir das auch!

Wir müssen unsere Denkweise ändern. Wir müssen das Wort studieren und uns in unseren Gedanken die Wahrheiten vorstellen, die Gott uns gegeben hat, bis sie in uns zu einem Bild werden – bis wir uns als gesund, gerecht, voller Frieden und Freude sehen. Wir werden nicht erleben, wie sich etwas äußerlich manifestiert, wenn wir es nicht zuerst in unserem Inneren sehen.

Viele beten für große Dinge – für die Wiederherstellung ihrer Ehe, für körperliche Heilung oder finanzielles Wohlergehen. Man betet für diese Dinge, aber man sieht sie nicht. Das ist frustrierend! Wenn du aber über das Wort nachsinnst und zulässt, dass es ein Bild in dir malt, dann wird es sich auch erfüllen. Wie ein Mensch in seinem Herzen denkt, so ist er (Spr 23,7 KJV).

Paulus sagt: »Wir wandeln im Glauben und nicht im Schauen« (2Kor 5,7). Als Christ sollte deine Vorstellungskraft dir durch das Wort Gottes solch ein reales Bild malen, dass du gemäß dem lebst, was das Wort sagt, und nicht nach dem, was du mit deinen Augen siehst. Der allmächtige Gott lebt in dir!

Malst du dir aus, was Gottes Wort über dich sagt? Kannst du dich selbst als geheilt sehen? Siehst du dich erfolgreich? Kannst du dich selbst sehen, wie du die Wunder tust, die Jesus getan hat? Falls nicht, musst du über das Wort Gottes nachsinnen, bis du dich selbst darin siehst. Du musst dein Bild von dir verändern. Du musst dich sehen, wie Gott dich sieht. Du musst die Grenzen in deinen Gedanken überwinden und deine Vorstellungskraft aktivieren, wenn du erleben willst, wie sich Gottes Wille für dein Leben erfüllt.

Innerlich sehen

Bevor ich äußerlich Dinge erleben konnte, habe ich in meinem Innern gesehen, wie sie geschehen. Jesus sagte: »*Wer an* mich glaubt, der wird die Werke auch tun, die ich tue, und wird größere als diese tun, weil ich zu meinem Vater gehe« (Joh 14,12). Ich begann diesen Prozess des innerlichen Sehens, indem ich in meinen Gedanken über all die Bibelstellen meditierte, in denen Jesus jemanden geheilt oder von den Toten auferweckt hat. Dann legte ich die Bibel zur Seite, schloss meine Augen und sah mich Lazarus von den Toten auferwecken. Ich sah mich, wie ich die Tochter von Jairus ins Leben zurückholte. Ich sah mich alles tun, was Jesus getan hat. Ich stellte mir vor, wie es gewesen sein mag, als Jesus sagte: »Hebt den Stein weg« (Joh 11,39). Ich aktivierte meine Vorstellungskraft.

Nachdem ich die Worte Jesu im Johannesevangelium gelesen hatte, begann ich zu glauben, dass Totenauferweckung möglich ist. Es inspirierte mich, daran zu glauben, dass Gott durch mich Wunder tun würde. Ich dachte über all die Wunder nach, die Jesus getan hatte, und fragte: »Vater, kann ich Menschen von den Toten auferwecken?« Ich sann in meinen Gedanken so viel darüber nach, dass ich jede Nacht im Traum ein Dutzend Menschen ins Leben zurückholte. Ich träumte davon, in Leichenhallen zu gehen und diese zu leeren. Nach ungefähr sechs Monaten erlebte ich tatsächlich, wie jemand von den Toten auferstand, aber es dauerte dann zehn oder fünfzehn Jahre, bis es wieder geschah. Eines Tages hatte ich wieder den Eindruck, Gott inspiriere mich dazu, mir die Auferweckung von Toten gedanklich vorzustellen, und sehr bald träumte ich auch wieder davon.

Eines Nachts bekam ich einen Anruf mit der Nachricht, dass mein eigener Sohn gestorben war. Zum Zeitpunkt des Anrufs war er schon viereinhalb Stunden tot. Sofort fing ich an, Gott für seine Güte zu danken und ihn über diese Situation zu erheben. Als ich im Krankenhaus ankam, war mein Sohn bereits wieder lebendig. Das wäre nie geschehen, wenn ich nicht über Gottes Totenauferweckungskraft nachgedacht und sie mir vorgestellt hätte!

Bevor du Dinge erleben kannst, musst du sie erst innerlich sehen. Sie müssen für dich so real sein, dass du dich sie tatsächlich tun siehst. Wenn du dich in deiner Vorstellung als besiegt, entmutigt oder deprimiert wahrnimmst, wirst du Gottes Wunderkraft nicht erleben. Hör auf, Gott durch deine Vorstellungen zu begrenzen! Lass deine Vorstellungskraft neu aufleben und gebrauche sie auf positive Weise!

Nichtige Gedanken

Unsere Fantasie ist eine wirksame Kraft, aber sie muss aktiviert werden. Wir müssen unsere Vorstellungskraft bewusst einsetzen. Wenn wir unserer Fantasie freien Lauf lassen, werden dabei nutzlose oder eitle Gedanken zustande kommen. In Römer 1,21 heißt es, dass unsere Vorstellungen nichtig werden und unser Verstand verfinstert wird, wenn wir Gott nicht ehren und ihm nicht danken. Die Blindheit unseres Herzens entfremdet uns vom Leben Gottes.

Eine Vorstellungskraft, die lebendig und positiv ist, entsteht quasi als Nebenprodukt, wenn wir dankbar sind und die Dinge Gottes wertschätzen. Gott zu preisen und ihm zu danken macht unsere Vorstellungskraft lebendig und lässt uns die Dinge anders sehen als jemals zuvor. Wer hingegen in nichtige Gedanken verfällt, ersinnt Negatives anstatt kreativ zu sein und Gutes zu empfangen.

[Sie] sind in ihren Gedanken in nichtigen Wahn verfallen,
und ihr unverständiges Herz wurde verfinstert. — Römer 1,21

Das Wort *Vorstellungskraft* finden wir in der Bibel nur ein einziges Mal in einem positiven Zusammenhang: »Herr, du Gott unserer Väter Abraham, Isaak und Israel, bewahre dies für immer in der Vorstellung der Gedanken des Herzens deines Volkes, und richte ihr Herz fest auf dich« (1Chr 29,18 KJV). Wenn sich die Bibel auf menschliche Gedanken oder Vorstellungen bezieht, dann meist in einem negativen Zusammenhang. Wusstest du, dass Gott durch die Vorstellungskraft der Menschen herausgefordert und seine Absicht auf Erden infrage gestellt wurde?

In 1. Mose 11,6 kam der Herr, um den Turmbau zu Babel zu sehen, und sagte einfach ausgedrückt: »Lasst uns die Sprache der Menschen verwirren, denn sie sind eins, sie sprechen die gleiche Sprache und nun wird ihnen nichts unmöglich sein, was sie sich in ihrem Herzen vorgestellt haben.« Weil sie nichts davon abhalten konnte, ihre Vorstellungen real werden zu lassen, musste Gott ihre

Sprache verwirren. Damit zerstörte er ihre Einheit und verhinderte, dass sie sich zu einem Punkt hin entwickeln würden, an dem es ihnen möglich war, für alle ihre Bedürfnisse selbst zu sorgen. Gott wollte, dass sie von ihm abhängig blieben.

Ein unverständiges und verfinstertes Herz ist ein verhärtetes Herz – und wenn dein Herz erst einmal verhärtet ist, entfremdest du dich vom Leben Gottes (Eph 4,18). Es ist traurig, aber die meisten Menschen leben irgendwo zwischen nichtigen Gedanken – einer negativen Vorstellungskraft – und einem verhärteten Herzen. Sie malen sich immer nur negative Dinge aus, und wenn der Arzt ihnen mitteilt, dass sie sterben müssen, beginnen sie sogleich, ihre Beerdigung zu planen. Sie stellen sich dann vor, wie sie sterben werden und was sein wird, wenn sie nicht mehr da sind. Diese Art von nutzloser und negativer Vorstellungskraft arbeitet gegen sie und verursacht ein verhärtetes Herz. Ein verhärtetes Herz muss nicht bedeuten, dass wir Gott nicht mehr lieben oder seinem Willen für unser Leben nicht folgen wollen; es zeigt lediglich, dass wir nicht verstehen, wie sehr Gott uns liebt, unabhängig von unserem Verhalten oder unserer Leistung.

Menschen mit einem verhärteten Herzen begreifen und verstehen das Wort Gottes nur mit ihrem Verstand. Über dieses Stadium hinauszukommen, erfordert Zeit und Mühe. Wir müssen anfangen, Gott zu gehorchen, über sein Wort nachzusinnen, ihn zu verherrlichen und dankbar zu sein. Anstatt uns auf uns selbst zu konzentrieren, müssen wir uns auf Gott fokussieren und darauf, was er bereits für uns getan hat. Indem wir unsere Aufmerksamkeit auf ihn richten, wird unsere Vorstellungskraft lebendig und bleibt nicht länger nichtig und negativ.

Halte deine Gedanken auf ihn gerichtet

Wir können nicht zu der Person werden, als die uns Gott bezeichnet, wenn wir uns nicht so sehen, wie er uns sieht. Wir werden genau so, wie wir es uns in unseren Gedanken ausmalen – sei es im Positiven oder im Negativen. Wenn wir uns für Versager halten, werden wir versagen. Wir müssen uns mit unseren gedanklichen Vorstellungen auseinandersetzen und sie in Übereinstimmung mit Gottes Meinung von uns bringen.

Wir wären viel besser dran, würden wir Zeit darauf verwenden, unsere Vorstellungskraft auf positive Weise zu nähren. Wir dürfen nicht zulassen, dass die Meinung anderer Leute unsere Identität oder Zukunft bestimmt. Wir müssen herausfinden, was die Bibel über uns sagt. Wir müssen beten und uns vom Heiligen Geist ein Bild davon malen lassen, was er von uns will – und wer wir sein sollen.

> *Du bewahrst denjenigen in vollkommenem Frieden, dessen Gedanken auf dich gerichtet sind, denn er vertraut auf dich.*
> *— Jesaja 26,3* KJV

Unsere Vorstellungskraft muss auf den Herrn gerichtet sein. Viele Leute meinen: *Nun, ich versuche doch, meine Gedanken auf den Herrn zu richten.* Aber tust du es auch tatsächlich? Malst du dir aus, was Gottes Wort über dich sagt? Wenn uns nicht klar ist, wie wichtig es ist, unsere Gedanken auf den Herrn gerichtet zu halten, lassen wir zu, dass sich unsere Vorstellungskraft gegen uns richtet und dann erleben wir nur negative Dinge.

Gebrauche, was Gott dir gegeben hat

In Epheser 4,17 heißt es: »Das sage und bezeuge ich nun im Herrn, dass ihr nicht mehr so wandeln sollt, wie die übrigen Heiden wandeln in der Nichtigkeit ihres Sinnes.« Das Wort Heiden in diesem Vers bezieht sich auf Ungläubige – auf Menschen, die keinen Bund mit Gott haben. Wandle nicht wie ein Mensch, der verloren geht, in der Nichtigkeit deines Sinnes. Nichtigkeit unseres Sinnes bedeutet, dass wir die Dinge, die Gott uns gegeben hat, nicht gebrauchen.

Manchmal hört man, dass wir nur zehn Prozent unseres Gehirns benutzen würden. Auch wenn das vielleicht so nicht stimmt, bin ich mir dennoch sicher, dass wir nicht alles gebrauchen, was Gott uns gegeben hat. Als Christen müssen wir anfangen, diese Dinge einzusetzen. Gott hat uns unsere Vorstellungskraft gegeben. Sie ist ein mächtiges Werkzeug! Sei nicht wie die Verlorenen, die in ihrer Vorstellung nur negative Dinge sehen.

Die Welt neigt dazu, alles schwarz zu sehen. Pessimisten sind Menschen mit einer sehr lebhaften Fantasie, doch sie malen sich die falschen Dinge aus. Sie sehen ein halb volles Glas und bezeichnen es als halb leer. Sie sehen immer nur die negativen Seiten. Sie benutzen zwar ihre Vorstellungskraft, doch ihre Gedanken sind nichtig geworden. Wenn wir nicht dankbar sind und Gott verherrlichen, indem wir ihn wertschätzen, preisen und ihm für alles danken, was wir haben, werden wir in unserer gedanklichen Vorstellung schließlich in allem nur das Negative sehen.

Verändere das Bild in dir

Vielen entgeht, was Gott für sie hat, weil sie sich innerlich noch immer als krank betrachten, obwohl sie um Heilung bitten. Sie sind schon so lange krank, dass sich die Krankheit nicht mehr nur in ihrem Körper befindet; sie hat sich auch in ihre Gedanken und Gefühle hinein ausgebreitet. Selbst im Traum sehen sie sich krank. Wenn sie beten, hoffen sie, dass etwas passiert, aber in ihrem Inneren glauben sie es nicht wirklich. Ihre Vorstellungskraft ist nichtig geworden und arbeitet gegen sie statt für sie. Es ist wichtig, dass wir innerlich das richtige Bild haben.

Manchen Leuten wurde schon in jungen Jahren gesagt, dass sie als Kinder nicht erwünscht waren oder dass sie es nie zu etwas bringen werden. Andere werden aufgrund ihrer Herkunft abgelehnt oder weil sie nicht über eine gute Schulbildung oder gesellschaftliche Anerkennung verfügen. Wenn wir den negativen Worten oder Ansichten, die über uns geäußert werden, Glauben schenken, formen sie in unserem Inneren ein Bild davon, wer wir sind und was wir können. Dieses Bild steckt gewissermaßen eine Grenze ab, die wir nicht überschreiten können. Selbst wenn unsere Talente und Fähigkeiten uns weiterbringen könnten, lassen wir es nicht zu. Irgendwie finden wir dann einen Weg, uns selbst zu sabotieren!

Ich habe einen sehr guten Freund, der als Kind von seinem Vater sehr streng behandelt wurde. Auf dem Hof der Familie standen viele Autos herum und sein Vater ließ ihn bei den Reparaturen dieser Autos helfen. Dabei sagte er regelmäßig: »Du bist so dumm. Du kannst keine Mutter auf eine Schraube drehen, ohne die Gewinde zu zerstören.«

Im Laufe der Jahre habe ich mit meinem Freund einige Autos repariert, aber wann immer er eine Mutter auf eine Schraube drehte, zerstörte er deren Gewinde. Er setzte sie an und eigentlich war alles in Ordnung, aber dann meinte er: »Ich glaube, ich habe sie verkantet.« Also schraubte er die Mutter wieder ab und setzte sie neu an. Das wiederholte er fünf oder sechs Mal, weil er alles richtig machen wollte. Schließlich waren die Gewinde zerstört. Und das nur wegen des negativen Bildes in ihm, das ihn noch immer beeinflusste.

Wir müssen die Vorstellung verändern, die wir von uns selbst haben, und uns durch das Wort Gottes sehen. Erst als ich mein Selbstbild verändert hatte, kam ich an einen Punkt, an dem ich mir zutraute, alles zu schaffen, was von mir verlangt wurde. Heute kann ich mich alles tun sehen. Ich bin wie ein Korken. Du könntest mich bis auf den Grund des Ozeans hinunterbringen, aber ich würde immer wieder an die Oberfläche gelangen, weil ich meine innere Vorstellung von mir selbst erneuert habe. Wenn du nichtige Gedanken in deiner Vorstellung hast und zulässt, dass sie gegen dich anstatt für dich arbeiten, begrenzt du, was Gott in deinem Leben tun will.

Empfängnis

Das hebräische Wort *jezer* (*jetzer* in manchen Konkordanzen) kann mit »Gedanken« oder »Vorstellung« übersetzt werden, bedeutet aber auch »Empfängnis«. Wenn ein Ehepaar ein Baby bekommen möchte, reicht es nicht aus, nur darum zu bitten. Es muss durch körperlichen Kontakt empfangen werden. Babys werden nicht vom Klapperstorch gebracht. Der Same muss in den Mutterleib der Frau gelangen.

Unsere Vorstellungskraft ist unser geistlicher Mutterleib. Dort empfangen wir Gottes wunderwirkende Kraft. Ohne

Vorstellungskraft keine Empfängnis. Können wir es uns nicht vorstellen – es nicht empfangen –, kommt es auch nicht zustande. Im geistlichen Bereich geschehen Wunder nicht deshalb, weil wir verzweifelt oder in Not sind. Wenn wir das Wunder empfangen können, werden wir es auch zur Geburt bringen. Und doch warten die meisten Christen auf den Klapperstorch, der ihnen ihr Wunder bringen soll. Das, was wir im Natürlichen erleben wollen, müssen wir zuerst in unserer Vorstellung empfangen. Mit anderen Worten: Wir müssen es erst innerlich sehen, bevor es im Natürlichen geboren werden kann. So wirkt Gott durch uns.

Wir müssen Gott verherrlichen und anerkennen, was er in unserem Leben getan hat. Wir müssen dankbar sein und Gott über unsere Umstände erheben. Wir müssen die Initiative ergreifen und damit anfangen, die Absichten Gottes in unserer Vorstellung zu empfangen. Der Plan, den Gott für uns hat, muss sich in unserem Herzen verwurzeln, bis wir uns in Gedanken diesen Plan erfüllen sehen. Dann können wir auch erleben, dass es wirklich geschieht.

Unsere Vorstellungskraft ist wirkungsvoll. Würden wir dieses Prinzip verstehen und bewusst damit arbeiten, indem wir Zeit im Wort Gottes verbringen und zulassen, dass es in uns ein Bild zeichnet, wären wir in der Lage, Gottes Pläne im Inneren zu sehen. Wir würden geistlich schwanger werden und es wäre nur eine Frage der Zeit, bis wir gebären. Aber die Geburt käme ganz gewiss!

Deine Vorstellungskraft arbeitet für dich

Wenn wir über Gottes Wort nachsinnen, trainieren wir bewusst unsere Vorstellungskraft. Sitzen wir nur herum wie die Stubenhocker, werden wir niemals fit. Unsere Muskeln werden durchs Nichtstun niemals stärker und größer – sie verkümmern nur. So funktioniert das auch mit unserer Vorstellungskraft. Wir müssen sie auf positive Weise gebrauchen. Wir müssen uns eine Wahrheit aus Gottes Wort vornehmen und darüber nachsinnen, bis sie in unserem Leben Wirklichkeit wird.

Ich erinnere mich, wie ich einmal eine Terrasse für unser Haus bauen wollte. Ich saß stundenlang da, schaute auf die Stelle, wo sie entstehen sollte, und versuchte mir auszumalen, wie sie aussehen würde. Sobald ich sie vor Augen hatte, konnte ich sie bauen! Ich hatte Papier und Bleistift bei mir und rechnete aus, wie viele Bretter und Balken ich brauchen würde. Im Natürlichen konnte ich dort nichts sehen, aber ich sah es in meiner Vorstellung.

Wie wir uns selbst sehen, ist wichtig. Was auch immer es ist, wofür wir beten: Wir müssen uns selbst sehen, wie wir genau das tun oder sind, wofür wir beten. Wir werden keine Wunder erleben, wenn wir nicht glauben, dass Gott Wunder durch uns tun kann. In unserer gedanklichen Vorstellung müssen diese so real werden, dass wir nachts davon träumen. Positive gedankliche Vorstellungen werden uns helfen, all die selbstzerstörerischen Gedanken abzulegen, die wir über uns selbst geglaubt haben. Sie werden darüber hinaus dazu beitragen, dass wir uns selbst so sehen, wie Gott uns sieht.

Mir erscheint nichts unmöglich

Heutzutage senden wir Radio- und Fernsehsignale durch die Luft. Vor Jahren war es undenkbar, ein Telefon bei sich zu tragen oder einen eigenen Computer zu besitzen. Als meine Mutter drei Jahre alt war, reiste sie noch mit einem Planwagen, doch irgendwann bekam sie ihr erstes Auto, ihr erstes Telefon und sogar die ersten Menschen beim Spaziergang auf dem Mond zu sehen! All das geschah innerhalb nur einer Generation! Heute geschehen noch mehr Dinge, von denen die Menschen in der Vergangenheit nur träumen konnten. Wenn wir uns etwas vorstellen können, dann ist es auch machbar. Irgendwie wird es möglich sein. Vielleicht erfordert es viel Anstrengung, aber es ist zu schaffen.

Mein Bruder war früher Kfz-Mechaniker. Als er vierzehn Jahre alt war, konnte er ein Auto bis zur letzten Schraube zerlegen. Er baute es einfach auseinander und wieder zusammen – nur um zu sehen, ob er es konnte. Auf diese Weise wurde er zu einem exzellenten Mechaniker. Er ist viereinhalb Jahre älter als ich und versuchte mir viel über Autos beizubringen. Aber ich wollte nicht wie mein Bruder sein, deshalb rebellierte ich dagegen und schlug einen anderen Weg ein. So kam es, dass ich kaum eine Mutter auf eine Schraube drehen konnte.

Als ich mich zum Herrn bekehrte, begann ich auszusprechen, dass mir alle Dinge möglich sind. Ich begann Autos und andere Dinge zu reparieren, während ich in Sprachen betete und eigentlich keine Ahnung hatte, was ich tat. Ich sagte mir einfach: »Ich weiß, ich kann es schaffen.« Das hat mein inneres Bild verändert, und heute bin ich an einem Punkt, an dem ich glaube, dass ich alles zu tun vermag. Ob ich diese Dinge dann wirklich tun sollte, ist eine andere Frage. Aber mir erscheint nichts unmöglich.

Empfange das Wort Gottes

Wir müssen über das Wort Gottes nachsinnen, bis es für uns zur Empfängnis kommt. Wir können nicht einfach ein Gebet ins Leere werfen wie: »O Gott, heile mich« oder »Versorge mich«, und nie aktiv empfangen, was wir gemäß dem Wort erbitten. Wir müssen eine Beziehung zu Gott pflegen, indem wir sein Wort studieren und es in uns bewegen.

Wenn wir uns mit Gottes Wort auseinandersetzen, wird es lebendig und real für uns. Sobald wir es in unserer Vorstellung empfangen und damit schwanger sind, werden wir es auch im Sichtbaren empfangen. Aber nur sehr wenige Leute sind hierzu bereit, weil sie sich lieber von anderen Dingen, wie beispielsweise dem Fernseher, ablenken lassen. Also beten, bitten und betteln sie und fasten vielleicht eine Woche pro Monat, anstatt jeden Tag in der Gegenwart Gottes zu leben. So funktioniert das nicht. Wir müssen mit dem Wort Gottes *schwanger* werden.

Das Gebäude, in dem sich unser Dienst momentan befindet, hat 10.000 Quadratmeter; als wir es kauften, waren jedoch nur 1000 Quadratmeter als Bürofläche ausgebaut. Der Rest bestand aus leeren Lagerräumen. Nachdem die Architekten die Pläne gezeichnet hatten und wir auf die nötigen Geldmittel warteten, ließ ich dort, wo später die Wände stehen sollten, Klebestreifen auf den Boden kleben.

Ich verbrachte Hunderte Stunden damit, mich durch die abgeklebten Bereiche in unserem ansonsten leeren Warenlager zu bewegen. Ich gebrauchte meine Fantasie. Ich *sah* die Wände an Ort und Stelle und *malte mir aus,* wie alles aussehen würde. Ich *sah* die Zuhörer im Auditorium. Ich legte sogar eine Schaltafel über ein paar große Eimer, stellte mich auf diese Plattform und predigte. Es war niemand da, es war nachts und das Lager war dunkel – aber ich predigte, als wäre der Raum randvoll mit Menschen.

Ich stieg niemals über die Klebestreifen; ich benutzte immer den Durchgang, an dem sich später die Tür befinden sollte. Für manche klingt das vielleicht merkwürdig, aber ich trainierte meine Vorstellungskraft. Ich gebrauchte meine Fantasie, um zu *sehen*, was ich mir von Gott im Glauben erwartete. Schließlich feierten wir die

Einweihung des Gebäudes und alle waren begeistert zu sehen, was Gott getan hatte. Eine Frau fragte mich: »Du siehst nicht sehr begeistert aus. Freust du dich gar nicht, dass das Gebäude fertig ist?«

Natürlich freute ich mich, aber es war beinahe eine Enttäuschung, es mit meinen Augen zu sehen, weil ich es bereits mit meinem Herzen gesehen hatte. Über ein Jahr lang hatte ich in mir gesehen, was nun für das natürliche Auge sichtbar geworden war. Zu dem Zeitpunkt, als der Bau fertiggestellt war, wandte ich mich bereits der nächsten Aufgabe zu, die Gott für mich hatte.

Greife nach den Sternen

Ich habe viel von Oral Roberts gelernt. Von ihm die Dinge zu hören, die Gott zu ihm gesprochen hatte, inspirierte auch meine Vorstellungskraft. Wenige Monate, nachdem ich mit ihm gesprochen hatte, führte Gott mich zum nächsten großen Schritt für unseren Dienst. Wenn man mit Menschen zusammen ist, die von ihrer Vision sprechen, fängt man auch selbst an, Großes zu träumen. Die meisten Menschen denken in zu kleinen Dimensionen. Sie zielen auf nichts und treffen es jedes Mal! Sie begrenzen Gott in ihrem Leben. Wir müssen nach den Sternen greifen. Auch wenn wir nicht ganz so weit kommen sollten, erreichen wir vielleicht den Mond!

Hast du eine Not, geh ins Wort! Finde dort die Antwort, die du brauchst. Nimm dir Bibelstellen und sinne über sie nach. Die Bibel sagt in 1. Petrus 1,23, dass wir wiedergeboren sind »nicht aus vergänglichem, sondern aus unvergänglichem Samen, durch das lebendige Wort Gottes, das in Ewigkeit bleibt«. Das Wort ist ein Same. Pflanze diesen Samen in deinen geistlichen Schoß – deine Vorstellungskraft –, bis du erlebst, wie er zu keimen beginnt. Dann ist es bis zur Geburt nur noch eine Frage der Zeit!

Verständnis

Verständnis ist mehr als bloßes Wissen oder die Fähigkeit, erlernte Fakten abzurufen. Viele Leute lesen die Bibel mit ihrem Kopf statt mit ihrer Vorstellungskraft oder ihrem Herzen. Das ist, als würden wir unsere Nahrung zwar kauen, aber nie hinunterschlucken. Das Wort kann uns erst dann in vollem Umfang dienen, wenn wir ein Verständnis dafür entwickelt haben. Es reicht nicht aus, von den Dingen Gottes nur zu hören; wir müssen über das Wort nachsinnen, bis es ein Bild in uns malt – bis wir wirklich sehen, was geschieht.

> *[Er gebe euch] erleuchtete Augen eures Verständnisses, damit ihr wisst, was die Hoffnung seiner Berufung und was der Reichtum der Herrlichkeit seines Erbes in den Heiligen ist.*
> *— Epheser 1,18*

Das Wort, das hier für »Verständnis« gebraucht wird, ist das griechische Wort *dianoia*. Es ist ein zusammengesetztes Wort, das »tiefe Gedanken« bedeutet. Es wird auch mit »Gesinnung« (Vorstellung) übersetzt. Mit anderen Worten: Es besteht ein Unterschied, ob wir oberflächlich über Dinge nachdenken oder ob wir tiefe Gedanken – *Verständnis* – darüber haben.

Wir können Informationen bekommen, aber Informationen verändern nur dann unser Leben, wenn wir sie *verstehen*. Das bringt Matthäus 13,19 zum Ausdruck: »So oft jemand das Wort vom Reich hört und nicht *versteht*, kommt der Böse und raubt das, was in sein Herz gesät ist. Das ist der, bei dem es an den Weg gestreut war.« Jesus sagte damit: »Diejenigen, die den Samen (das Wort) am Weg empfangen, sind solche, die es nicht verstehen, also kommt Satan sofort, um ihnen das Wort zu rauben.« Wenn wir verstehen, gelangt der Same tief unter die Oberfläche, wo er keimen kann. Das sind tiefe Gedanken unter Gebrauch deiner Vorstellungskraft.

Wir können nichts verstehen, was wir uns nicht ausmalen und uns selbst tun sehen können. Viele Menschen greifen einen Vers heraus, wie Gott all ihre Bedürfnisse stillt (Phil 4,19), aber sie meditieren nicht darüber, bis sie in ihrem Innern sehen, dass sie volle Genüge haben. Auf diese Weise versperren sie sich selbst den Weg zu den Dingen, die sie eigentlich empfangen wollen.

Die Vorstellungskraft ist ein sehr wichtiges Prinzip, das wir verstehen müssen, weil es eine wichtige Hilfe dabei ist, Gottes Willen zu erfüllen. Wir können nicht mit einem oberflächlichen Verständnis von den Dingen Gottes leben. Wir müssen tiefer gehen, bis das Wort Gottes buchstäblich die Art und Weise verändert, wie wir Dinge in unserem Herzen sehen.

Hoffnung

Denn auf Hoffnung hin sind wir errettet worden. Eine Hoffnung aber, die man sieht, ist keine Hoffnung; denn warum hofft auch jemand auf das, was er sieht? Wenn wir aber auf das hoffen, was wir nicht sehen, so erwarten wir es mit standhaftem Ausharren. — Römer 8,24–25

Gemäß der Bibel ist Hoffnung etwas, das du im Natürlichen nicht sehen kannst. Was wir sehen können, brauchen wir nicht zu erhoffen. Hoffnung ist unsere Vorstellungskraft, die für uns arbeitet und nicht gegen uns. Hoffnung spielt in unserem Leben eine wichtige Rolle. »Es ist aber der Glaube eine feste Zuversicht auf das, was man *hofft*, eine Überzeugung von Tatsachen, die man nicht sieht« (Hebr 11,1). Glaube stellt nur das bereit, was die Hoffnung bereits gesehen hat. Hoffnung ist der positive Gebrauch unserer Vorstellungskraft.

Charles Capps erzählte einmal eine Geschichte über einen Thermostat. Er hat sie vermutlich frei erfunden, aber sie veranschaulicht einen wichtigen Punkt. Ein Mann, der abgeschieden in den Bergen lebte, fernab jeder Zivilisation, besuchte einmal eine Versammlung in der Stadt. Der Versammlungsraum heizte sich wegen der vielen Hundert Anwesenden auf. Der Mann fächelte sich Luft zu, um sich abzukühlen. Im selben Moment sah er, wie ein Ordner einen Drehknopf an einem kleinen Kasten an der Wand drehte. Kurz danach spürte er kalte Luft um sich herum. Er war überwältigt und fragte den Ordner, wie er für die kalte Luft gesorgt habe.

»Was meinen Sie?«, fragte der Ordner.

»Sie haben an dem kleinen Ding da an der Wand gedreht und dann kam kalte Luft«, sagte der Mann.

»Nun ja, das ist ein Thermostat.«

»Kann ich auch so einen haben?«

»Natürlich. Sie bekommen sowas in jedem Baumarkt.«

Der Mann war begeistert und kaufte sich umgehend einen solchen Thermostat. Zurück in seiner Hütte in den Bergen schraubte er ihn an die Wand, drehte am Regler und wartete auf die kühle Luft. Aber natürlich passierte nichts, weil der Thermostat an eine Klimaanlage angeschlossen sein muss, um eine Funktion zu haben. Ein Thermostat allein kühlt keine Luft – er aktiviert nur das Gerät, das dies tut.

So wie man einen Thermostat auf Warm oder Kalt stellen kann, kann auch unsere Vorstellungskraft entweder negativ wirken – als pessimistische Grundhaltung – oder positiv, was die Bibel *Hoffnung* nennt. Hoffnung wirkt auf den Glauben wie ein Thermostat auf eine Klimaanlage. Hoffnung aktiviert die Möglichkeiten

Gottes, während der Glaube die Kraft ist, die die Dinge zustande kommen lässt. Glaube bringt nur das hervor, was die Hoffnung bereits gesehen hat. Wenn unsere gedankliche Vorstellung negativ ist, dann sehen wir im Inneren nur Versagen, was dazu führt, dass wir dieses Versagen auch im Natürlichen erleben. Doch wenn wir hoffnungsvoll sind und innerlich ein Wunder sehen, aktiviert das die Kraft Gottes und das Wunder wird äußerlich sichtbar in unserem Leben.

Viele Leute versuchen, ihren »Glaubensgenerator« zu benutzen, aber sie haben dabei keine Hoffnung. Hoffnung steuert unseren Glauben. Ich möchte das am Beispiel körperlicher Heilung veranschaulichen: Wenn wir voller Hoffnung sind, über das Wort nachsinnen und uns in unserer Vorstellung bereits geheilt sehen, wird jede Zelle unseres Körpers darauf reagieren und unsere Heilung fördern. Erst wenn wir uns als gesund ansehen, werden wir auch gesund.

Wenn wir zum Arzt gehen, wird er uns als Erstes all die negativen Informationen über unsere gesundheitliche Situation geben. Er will uns gar keine Hoffnung machen. Aber wir *brauchen* Hoffnung! Wir sollten vor Hoffnung platzen, denn unser Glaube kann nur das hervorbringen, was wir erhoffen. Eine negative Vorstellung sorgt dafür, dass alles in uns auf die Erfüllung dieses negativen Bildes hinarbeitet. Wir müssen dieses innere Bild verändern, indem wir unsere Hoffnung nähren. Hoffnung kommt aus dem Wort Gottes (Röm 15,4). Das ist der erste Glaubensschritt.

Das DVD-Album zu meiner Lehrserie *Heilung: Gottes Wille für dich* enthält mehrere Heilungszeugnisse. Eines davon handelt von einer Frau, Merci Santos, die von Multipler Sklerose (MS) geheilt wurde. Unter anderem berichtet sie davon, dass sie zu einer Zeit, als sie im Rollstuhl saß und jeder sagte, dass sie nie wieder laufen würde, wusste, dass das nicht stimmte. Sie sah sich selbst als geheilt an und war sicher, dass sie eines Tages wieder gesund sein würde. Sie brauchte jemanden, der sie im Wort unterrichtete und ihr half, ihren Glauben zu aktivieren. Trotz der Tatsache, dass sich ihre Symptome immer weiter verschlimmerten, sah sie sich selbst bereits als geheilt an. Das ist Hoffnung. Hoffnung allein heilt nicht; sie aktiviert nur den für deine Heilung nötigen Glauben. Heute ist Merci vollkommen von MS geheilt. Sie kann im Natürlichen genauso laufen, wie sie es in ihrer Vorstellung gesehen hat.

Gott hat uns zu so viel mehr erschaffen, als die meisten von uns erleben. Die meisten stolpern halb blind durchs Leben, weil sie nur mit natürlichen Augen sehen. Wenn wir halb blind versuchen, ein Rennen zu laufen, werden wir wahrscheinlich über Hindernisse stolpern. In der Gegenwart Gottes können wir dagegen Dinge bereits in unserer Vorstellung sehen. Im Natürlichen mag alles auf eine bestimmte Entwicklung hindeuten, aber das Wort Gottes kann in unserem Herzen ein anderes Bild zeichnen. Zum Beispiel mögen die natürlichen Anzeichen darauf hinweisen, dass dein Unternehmen scheitert, aber in dir hast du ein anderes Bild und weißt ohne jeden Zweifel, dass es erfolgreich sein wird. Nimm die Begrenzungen weg, empfange das Wunder in deiner Vorstellungskraft – und erlebe, wie es zustande kommt!

EIN SCHLUSSWORT

Bei Gott gibt es kein Ansehen der Person (Röm 2,11). Was er für mich getan hat, wird er auch für jeden anderen tun. Aber er tut es nicht einfach so, ohne unser Mitwirken. Wir spielen dabei auch eine Rolle.

Dass ich Gott in meinem Denken nicht länger begrenze, hat große Auswirkungen auf mich und den Dienst, den der Herr mir gegeben hat. Ich bin überzeugt, dass dies für uns alle wichtig ist. Ungeachtet der Dinge, für die wir bereits Glauben haben, gibt es immer noch mehr. Gott ist ein GROSSER Gott und keiner von uns hat schon völlig ausgeschöpft, was uns zur Verfügung steht.

Und es ist auch keine einmalige Angelegenheit. Jeder von uns muss ständig größer und größer träumen. Wir kommen niemals endgültig an. Und doch machen wir uns auf den Weg und begeben uns auf eine Vertrauensreise, die erst dann zu Ende ist, wenn der Herr wiederkommt oder wir zu ihm heimgehen.

Ich bete, dass der Heilige Geist diese einfachen Prinzipien, die ich in diesem Buch vermittelt habe, in dir genauso explodieren lässt, wie er es bei mir getan hat. Wenn das geschieht, verspreche ich dir, dass es dein Leben für immer verändert. Du wirst auf eine neue Ebene im Herrn gelangen, wodurch nicht nur du selbst gesegnet wirst, sondern auch alle, mit denen der Herr dich zusammenführt.

Das Beste steht uns noch bevor!

EMPFANGE JESUS ALS DEINEN RETTER

Jesus Christus als deinen Herrn und Retter anzunehmen, ist die wichtigste Entscheidung, die du jemals treffen wirst! Gottes Wort verspricht:

Denn wenn du mit deinem Mund Jesus als den Herrn bekennst und in deinem Herzen glaubst, dass Gott ihn aus den Toten auferweckt hat, so wirst du gerettet. Denn mit dem Herzen glaubt man, um gerecht zu werden, und mit dem Mund bekennt man, um gerettet zu werden. — Römer 10,9–10
Denn: »Jeder, der den Namen des Herrn anruft, wird gerettet werden«. — Römer 10,13

In seiner Gnade hat Gott bereits alles getan, um dir Errettung anbieten zu können. Dein Teil besteht einfach nur darin, zu glauben und zu empfangen. Bete laut:

Jesus, ich bekenne, dass du mein Herr und Retter bist. Ich glaube in meinem Herzen, dass Gott dich von den Toten auferweckt hat. Im Glauben an dein Wort empfange ich jetzt die Errettung. Danke, dass du mich erlöst hast!

Im selben Moment, in dem du dein Leben Jesus Christus übergibst, erfüllt sich augenblicklich die Wahrheit seines Wortes in deinem Geist. Weil du von neuem geboren bist, besitzt du jetzt ein völlig neues Ich!

EMPFANGE DEN HEILIGEN GEIST

Dein dich liebender himmlischer Vater möchte dir als seinem Kind die übernatürliche Kraft geben, die du brauchst, um dieses neue Leben auch auszuleben.

> *Denn jeder, der bittet, empfängt; und wer sucht, der findet; und wer anklopft, dem wird aufgetan. … wie viel mehr wird der Vater im Himmel [den] Heiligen Geist denen geben, die ihn bitten! — Lukas 11,10.13b*

Alles, was du tun musst, ist bitten, glauben und empfangen! Bete:

> *Vater, ich erkenne, dass ich deine Kraft brauche, um dieses neue Leben auszuleben. Bitte erfülle mich mit deinem Heiligen Geist. Im Glauben empfange ich ihn genau jetzt! Danke, dass du mich getauft hast. Heiliger Geist, du bist in meinem Leben willkommen!*

Gratuliere – du bist jetzt mit Gottes übernatürlicher Kraft erfüllt!

Einige Silben einer dir unbekannten Sprache werden nun aus deinem Herzen zu deinem Mund aufsteigen. Wenn du sie im Glauben laut aussprichst, setzt du Gottes Kraft in deinem Inneren frei und erbaust dich selbst im Geist (1Kor 14,4.14). Du kannst dies tun, wann und wo immer du möchtest!

Es spielt eigentlich keine Rolle, ob du etwas gespürt hast oder nicht, als du gebetet hast, um den Herrn und seinen Geist zu empfangen. Wenn du in deinem Herzen geglaubt hast, dass du empfangen hast, dann ist es auch so, denn Gottes Wort verspricht: »Darum sage ich euch: Alles, was ihr auch immer im Gebet erbittet, glaubt, dass ihr es empfangt, so wird es euch zuteilwerden!« (Mk 11,24). Gott ist seinem Wort immer treu. Glaub es!

Bitte nimm Kontakt zu uns auf und lass es uns wissen, wenn du eines oder beide dieser Gebete gebetet hast. Wir würden uns gern mit dir freuen und dir ein Geschenk zusenden, das dir hilft, deine neue Beziehung zum Herrn zu verstehen und darin zu wachsen.

Damit wollen wir dir einfach sagen: *Willkommen in deinem neuen Leben!*

ÜBER DEN AUTOR

Als **Andrew Wommack** am 23. März 1968 der übernatürlichen Liebe Gottes begegnete, wurde sein Leben für immer verändert. Seit vielen Jahrzehnten bereist Andrew Amerika und die Welt und lehrt die Wahrheit des Evangeliums. Seine tiefe Offenbarung von Gottes Wort vermittelt er mit Klarheit und Schlichtheit. Dabei legt er seinen Schwerpunkt auf Gottes bedingungslose Liebe und das Gleichgewicht zwischen Gnade und Glauben. Mit seinem Programm auf *GospelTruth.TV* erreicht er fast die Hälfte der Weltbevölkerung. 1994 gründete er das *Charis Bible College* (Charis) und hat seither Charis-Standorte in verschiedenen Großstädten Amerikas und weltweit eröffnet. Andrew hat eine Fülle an Lehrmaterial in gedruckter Form und im Audio- und Videoformat veröffentlicht, von dem das meiste kostenlos von seiner Website abgerufen werden kann.

Du kannst das AWM Team per Brief, Mail
oder Telefon kontaktieren:

Andrew Wommack Ministries gGmbH
Postfach 56 03 02, 60407 Frankfurt am Main, Deutschland
info@andrewwommack.de | +49 69 64357850
Gebets-Hotline: +49 69 643578578
www.andrewwommack.de

Ein verhärtetes Herz

Ein verhärtetes Herz verhindert, dass wir die Stimme des Herrn hören und uns in unserem Alltag von ihm leiten lassen. Der Zustand unseres Herzens hängt davon ab, worauf unsere Aufmerksamkeit gerichtet ist. Verschaffe dir Klarheit, wie Glaube und Unglaube sich zueinander verhalten.

102 Seiten, Paperback, ISBN 978-3-95933-230-9
Auch als E-Book erhältlich.

Wie man auf dem Wasser geht

Warum erleben manche Leute Wunder und andere nicht? Um wie Petrus auf dem Wasser zu gehen und Wunder zu erleben, musst du zuerst aus dem Boot steigen. Erfahre, was Andrew aus Gottes Wort über das Leben im Übernatürlichen gelernt hat, und werde auch du ein Mensch, der auf dem »Wasser« geht!

120 Seiten, Paperback, ISBN 978-3-95933-210-1
Auch als E-Book erhältlich.

Heilung: Gottes Wille für dich

Jesus hat den Preis für unsere Heilung ebenso bezahlt wie für die Vergebung unserer Sünden. Heilung ist zentraler Teil seines Erlösungswerks. Erfahre, was Gott uns in seiner bedingungslosen Liebe und Gnade alles schon zur Verfügung gestellt hat, und erhalte Antworten auf häufige Fragen.

211 Seiten, Paperback, ISBN 978-3-95933-218-7
Auch als E-Book erhältlich.

Die Macht deiner Vorstellungskraft

Oft beten Gläubige ohne sichtbaren Erfolg. Das liegt daran, dass ihnen die Macht ihrer Vorstellungskraft nicht bewusst ist! Lass dir von Gott ein Bild deiner Zukunft vor dein geistiges Auge malen. Dann kann dich nichts aus der Bahn werfen und du siehst dich immer auf der Gewinnerseite!

159 Seiten, Paperback, ISBN 978-3-95933-216-3
Auch als E-Book erhältlich.

Verändert werden ohne Mühe

Die meisten Christen wünschen sich in einigen Bereichen ihres Lebens Veränderung. Aber wie kommt sie dauerhaft zustande? Durch das Wort Gottes. Wenn es wie ein Same in dein Herz ausgesät und dort gut genährt wird, beginnt dieser Same zu wachsen. Das Ergebnis: Veränderung ohne Mühe.

200 Seiten, Paperback

Gottes Willen finden, befolgen, erfüllen

Gott hat dich mit einer Absicht geschaffen und er will, dass du zu deiner Bestimmung findest. Dazu gehört auch, den Wünschen deines Herzens zu folgen. Doch das solltest du nicht auf deine eigene Weise tun. Dieses Buch hilft dir, Gottes Willen für dein Leben zu entdecken und zu erfüllen.

246 Seiten, Paperback